口絵1 (第3章 p.58) 照明による色温度の違い(左から電球色, 昼白色, 昼光色)

口絵2 (第7章 p.128) 佐賀県立名護屋城博物館の貸出タブレット上の城跡案内ソフト『VR名護屋城』

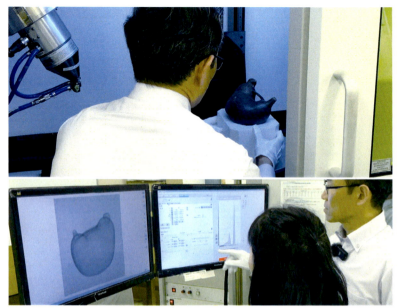

口絵3 (第8章 p.150)　X線CTによって古代アンデスの土器を撮影する。内部の形状や素材の特性などを，資料を破壊することなく分析できる。(東海大学)

口絵4 (第15章 p.260)　「平成の百工比照」の標本の例 (金工部門，杢目金の制作工程)。無形遺産たる工芸を標本化し，伝承する。(金沢市・金沢美術工芸大学)

博物館情報・メディア論

（新訂）博物館情報・メディア論（'25）

©2025　鶴見英成・近藤智嗣

装丁デザイン：牧野剛士
本文デザイン：畑中　猛

s-64

まえがき

　「博物館情報・メディア論」は，2009年の博物館法施行規則の改正により，それまでの「博物館情報論」と「視聴覚教育メディア論」が統合されて新設された科目です。この改正で示された科目のねらいは，「博物館における情報の意義と活用方法及び情報発信の課題等について理解し，博物館の情報の提供と活用等に関する基礎的能力を養う」こととなっています。放送大学の本科目では，印刷教材と放送番組で構成された科目という特性を活かし，「多様な博物館の具体的な事例を通して，『メディアとしての博物館』の観点から，まず博物館の情報とメディアとは何かを考え，急速な発展を視野に入れつつ，情報とメディアに関する手法，技術，理論，利点，問題点などを包括的に学ぶ」科目としています。また，受講の対象者は，学芸員資格取得の希望者を主な対象としていますが，同時に，情報やメディアに関心を持つ一般の方々にも広く学べる内容になっています。

　急速に進展している情報化社会ですが，前回の改訂「博物館情報・メディア論（'18）」時点から大きな変化がありました。一つ目はDX（デジタルトランスフォーメーション，デジタル変革）です。博物館もデジタル化により，より良い展示や運営が検討されるようになりました。二つ目はコロナ禍です。博物館を閉館せざるを得なくなったり，ハンズオン展示など手に触れる体験ができなくなったり，密を避けた見学が必要になりました。Web会議システムによるセミナー開催，YouTubeやSNSによる博物館からの積極的な情報発信，デジタルツイン技術による展示体験など，来館を前提としない博物館のサービスが必要となり，情報通信技術が再認識されました。三つ目は，生成AIの台頭です。解

説文の難易度を容易に変更したり，Google レンズのように展示解説を
スマホで多言語に翻訳したりすることが実用化されました。この他にも
生成 AI は非常に大きな可能性を秘めています。

　また，2022年には博物館の情報とメディアに関連する二つの大きな改
正が行われています。日本の博物館法の改正と，ICOM（国際博物館会
議）の新しい博物館定義案の採択です。博物館法では「博物館の事業」
に「博物館資料に係る電磁的記録を作成し，公開すること」が付加さ
れ，ICOM の新しい博物館定義では「コミュニティの参加」の文言が付
加されました。これらは非常に重要な改正であり，本書でも複数の章で
解説しています。

　このように博物館における情報とメディアの意義と活用方法は，ます
ます重要になってきています。本科目では，このような背景のもと，で
きる限り多様な事例を取り上げつつ，博物館における情報とメディアの
基本概念から包括的に学ぶことができるようにしています。

　本書の構成は全15章からなり，以下の流れで展開します。まず第１章
では「メディアとしての博物館」という基本的な視点を提示し，情報と
メディアの概念を整理します。第２章から第８章では，博物館の基本的
機能である展示・教育・研究などにおける情報とメディアの活用を具体
的に解説します。第９章から第13章では，さまざまな種類の博物館にお
ける特徴的な取り組みを紹介し，第14章，第15章では，メディア芸術の
保存や伝統技術の継承など，新しい分野における博物館の役割について
考察します。

　内容の理解を深めるため，現場で実践的に活動する学芸員や研究者へ
のインタビューを交え，写真や図表を豊富に用いています。対応する放
送授業では，多くの博物館の事例を映像で紹介していますので，テキス
トと併せて参照することで，より深い理解が得られるでしょう。

各章の冒頭には学習のポイントとキーワードを示しています。事前に各章の学習のポイントとキーワードに目を通し，それらの基本的な意味を確認しておくことをお勧めします。また，お住まいの地域の博物館へ実際に足を運び，学んだ内容と照らし合わせながら展示や情報発信の方法を観察することで，より深い理解が得られるでしょう。さらに，各章末の参考文献や，放送教材で紹介される博物館の Web サイトなどにもアクセスし，発展的な学習を心がけてください。

本書と放送番組を通じて，博物館における情報とメディアの基本と応用に関する具体的，また理論的な知見を習得し，博物館などで情報やメディアに携わる方々，関心がある方々，これから学習される方々の指針となり，また博物館の未来を考える一助となれば幸いです。

最後に，全てのお名前を記すことはできませんが，本書で紹介した多くの博物館関係の方々および本書の編集に携わった方々の並々ならぬご協力とご尽力に心より感謝申し上げます。

2024年11月

鶴見英成・近藤智嗣

目 次

まえがき　　　近藤智嗣　　3

1 | メディアとしての博物館　　|鶴見英成　11

1．はじめに　11
2．博物館における情報とメディア　12
3．博物館の機能と情報・メディア　20
4．まとめ　24

2 | 博物館展示における情報とメディア

|近藤智嗣　26

1．博物館の展示情報　26
2．ICT・映像による展示解説　30
3．重畳型展示（展示資料と解説情報の融合）　31
4．大型映像装置　37
5．博物館におけるデジタル技術の動向　38
6．まとめ　43

3 | 博物館におけるメディアリテラシー

|近藤智嗣　44

1．本章の目的　44
2．カメラの基本構造　45
3．マニュアル機能　49
4．マニュアル撮影　51
5．ビデオ規格　59
6．まとめ　61

4 | 資料のドキュメンテーションと デジタルアーカイブ　　| 有田寛之　62

1. 博物館の機能と情報の関わり　62
2. デジタルアーカイブ社会の構築と博物館　64
3. 博物館資料のメタデータの公開　68
4. ドキュメンテーションの共通化、標準化　73
5. 博物館資料の三次元デジタルデータ化と活用　74
6. 博物館展示のドキュメンテーション　76
7. まとめ　77

5 | 博物館と著作権等　　| 小林利明　78

1. はじめに　78
2. 博物館資料のデジタルアーカイブ化や館内展示等と 著作権の検討手順　79
3. 著作権法　81
4. デジタルアーカイブ化と肖像権・パブリシティ権・ プライバシー権　94
5. まとめ　97

6 | 博物館におけるユニバーサルデザイン　　| 近藤智嗣　98

1. ユニバーサルデザインとは　98
2. 西都原考古博物館の取り組み　101
3. 南山大学人類学博物館の取り組み　109
4. その他のハンズオン展示　112
5. ユニバーサル・ミュージアム展　114
6. まとめ　116

7 博物館教育の多様な機会と情報・メディア | 大髙　幸　118

1．人々の博物館利用とメディアとしての博物館　118
2．佐賀県立名護屋城博物館における情報・メディア　125
3．博物館を活用した学際的学習・研究　130
4．高度情報化時代の博物館教育の方向性と課題　135

8 研究と博物館情報・メディア | 鶴見英成　139

1．はじめに　139
2．生物標本と情報・メディア　140
3．考古資料と情報・メディア　149
4．まとめ　156

9 デジタル技術による変革 | 近藤智嗣　157

1．デジタル変革（DX）　157
2．デジタルミュージアム　164
3．軍艦島デジタルミュージアムの取り組み　166
4．メタバースとデジタルツイン　170
5．まとめ　171

10 歴史系博物館における情報・メディア | 鶴見英成　174

1．はじめに　174
2．北米先住民の工芸品　175
3．アンデスの文化遺産　182
4．まとめ　186

11 | 科学系博物館における情報・メディア

| 有田寛之　188

1．展示における情報　188
2．展示における学びの多様性　189
3．展示における多様な情報発信：
　　利用者の多様な学びのニーズに応える　191
4．国立科学博物館の展示における情報発信　194
5．インターネットを活用した展示情報の発信　201
6．まとめ　203

12 | 生き物の博物館における情報・メディア

| 鶴見英成　205

1．はじめに　205
2．生き物の博物館の成り立ち　206
3．動物園の現状と課題　209
4．まとめ　219

13 | 美術館における情報・メディア

| 大髙　幸　221

1．美術館に関わる情報・メディア　221
2．愛知県美術館におけるメディアを活用した
　　教育機会例　230
3．展覧会等に関わる情報・メディア　236

14 | 映像とメディア芸術　　　　｜ 鶴見英成　　241

1．はじめに　　241
2．マンガ文化のアーカイブ　　244
3．ゲーム文化のアーカイブ　　251
4．まとめ　　253

15 | 博物館による伝承　　　　｜ 鶴見英成　　255

1．はじめに　　255
2．金沢市・金沢美術工芸大学の取り組み　　255
3．その他の事例　　263
4．まとめ　　265

索引　　268

1 | メディアとしての博物館

鶴見英成

《学習のポイント》 博物館は，収集した資料から学術的情報を引き出し発信するため，それ自体がメディアとしてとらえられる。物品に限らずデジタル情報も資料と見なされる現状をふまえ，博物館の諸活動を情報の収集・研究・発信に着眼しつつ，講義の全体を概観する。
《キーワード》 情報，メディア，デジタル，アナログ，コミュニケーション

1. はじめに

　博物館情報・メディア論では，全15章を通して，さまざまな課題を扱うが，本章はガイダンスと位置づけて，それぞれの章の簡単な紹介を交えながら，博物館情報・メディア論という授業全体のイメージをつかむことを目的とする。

　博物館学という学問分野の目的については，放送大学の授業で，これまでに示されてきた「利用者にとって，よりよい博物館・博物館活動を確立するための理論であり，博物館とは何かを科学的に追究する学問である」という定義が分かりやすい（井上　2019，寺田　2023）。博物館情報・メディア論では，そのような博物館学の目的の中で，特に情報とメディアに関する諸問題を取り上げる。博物館という組織あるいは設備に注目すると，そこにはさまざまな情報が伴っており，それを保存・伝達するメディアも多種多様に見出される。学習すべき内容は多岐にわたるが，関心を持ったトピックについてはぜひ各自で学習を深めていただ

きたい。

2. 博物館における情報とメディア

(1) メディアの定義

このメディアという言葉は，私たちの日常においては，しばしばマスメディアのことを指す。しかし，博物館情報・メディア論におけるメディアは，情報を保存したり，他者に伝達したりする媒体という意味に限って用いることとする。また，日常的にデジタル情報を保存する記録媒体として，例えばDVDやUSBメモリーなどをメディアと呼ぶことがあるが，意味合いとしては，この媒体という意味のメディアのことである。ただし，メディアというのはデジタル情報の媒体に限らない。アナログのメディアとして，例えば文字や図を記載した紙，書籍，古文書，絵画などがあり，デジタルカメラが普及する以前に使用されていたフィルムやそれを焼き付けたプリントなども忘れてはならない。

(2) 博物館資料の例：古代アンデスの土器

図1-1は東京大学総合研究博物館の文化人類部門が所蔵する，アン

図1-1　古代アンデスの土器「鐙型ボトル」(東京大学総合研究博物館)

デス考古学の資料の一例である。筆者は南米大陸アンデス地域の古代文明を研究分野としているため，まずこの事例をもとに，博物館における情報とメディアについて考えていきたい。

　1950年代後半，東京大学の人類学者や考古学者が，日本人として初めてペルーにおける考古学調査を始めた。それまで日本ではアメリカ大陸の古代文明についてほとんど知られていなかったため，現地政府から正式な許可を得た上で，さまざまな資料を東京大学まで持ち帰り，総合研究資料館（今日の総合研究博物館）に収蔵した。これからアンデス考古学を志す学生たちが，日本にいながら実物の資料から学ぶことができるようにという目的で作られたコレクションである。

（3）資料に付随する情報

　図1-1の土器はそのときの資料の一つであり，それを受け継いだ現在の研究者は，さまざまな情報に触れることができる。「標本資料報告」（コレクションのカタログ，2024年9月時点で133巻まで刊行）の第27号に，「鐙形壺」という名称とともに「高さ11.6cm」「出土遺跡・地域名：タナカ（Tanaka）」といった基本的な情報が載っている（大貫ほか編　1992：47，Plate60a）。しかしこの土器は，学術的な発掘調査によって出土したものではないため，遺跡のどこからどのように出土したか，という情報は伝わっていない。おそらく盗掘された墓地に打ち捨ててあったのを採集したか，もしくはそこから拾ってきたと語る人物から譲り受けたと推測される。タナカという遺跡名もしくは地名は，現在のどの地点なのかも明確ではない。ペルーは盗掘による文化財の破壊が深刻で，こういった資料は珍しくない。

（4）資料から読み取れる情報

　しかしながら，この資料自体からでも，さまざまな情報を読み取れる。今から遡ること500〜1000年ほど前に，現在のペルーの北部の太平洋岸に栄えていた，チムー王国と呼ばれる政体のもとで作られた土器だと考えられる。なぜなら，チムー王国の土器の特徴についての先行研究が多く蓄積されており，それと比較対照することができるからである。

　注口部と底部を大きく欠損しているが，カタログに記載どおり鐙型ボトル（今日では鐙形壺より一般的な呼称）に間違いない。時代や地域によってさまざまなバリエーションがあるが，馬具の鐙のような形をした注口部の形や太さ，そろばん玉形をした胴部など，既に知られているチムー王国の土器の事例と特徴が一致する。砂に埋もれていたのか，全体的にかなり摩耗しているが，部分的になめらかな表面が残っている。焼成する前になめらかな石などを道具として使って，光沢が出るまで磨いたものであるが，石を滑らせた帯状の痕跡がわずかな凹凸として多く残っており，鏡のように完全に均一な面を作ろうとはしていない。このような磨き方はチムー王国の土器の特徴の一つである。表面の色は赤みを帯びた茶色，赤褐色といったところである。チムー王国のボトルは，焼成した後に煤を擦り込んで黒く仕上げたものがたいへん多いが，その工程を省略して赤みを残した事例も知られている。

（5）情報を引き出す視点

　審美的な観点だけからこの土器を見ると，割れてしまっているのが残念ではあるが，そのおかげで得られる情報もある，という視点も併せ持つべきである。例えば断面の観察によって引き出せる情報がある。土器を形成する素材を胎土と言う。粘土に砂などの細かい固形物をある程度混ぜることで造形しやすく，また焼成時に割れにくいようにしてある

が，断面を観察する限り，チムー王国の土器の胎土と特徴が合致してい
る。

　口のすぼまったボトル型土器は，本来は内側の様子を観察できない
が，適度な割れ方をした資料であれば，内側から多くの情報を引き出す
ことができる。外面はなめらかにしてあっても，内面は製作者の指や道
具の痕が残っていることが多いのである。この土器の場合，二つの部品
を張り合わせてできた継ぎ目を内側に見つけることができる。チムー王
国のボトル型土器は，完成形を左右に分割した形でまず型を作り（型も
焼き物である），それを使って胎土を挟み込んで同じ形の製品をたくさ
ん作っていくという，いわば大量生産の発想により作られていた事例が
たいへん多いのである。

　大量生産とは言っても手作業であり，しかも丁寧に仕上げることより
もスピードを重視した例が多かったと見られ，型の合わせ方にずれがあ
るなどして，製品には多少のばらつきが生じる。それでも，型を使って
いるという事実に基づいて，欠損部の本来の形状を推定することができ
る。たまたまこの土器の欠損部だけが世にも珍しい形やサイズをしてい
たかもしれない，などと懸念するのはむしろ不合理である。

（6）意味のある情報収集を心がける

　このように，博物館のコレクションは情報を蓄えたメディアであり，
適切な方法を使えば，さらなる情報を引き出せる可能性がある。例えば
図1-1の土器は，布が結びつけられた状態で収集されたようだが，顕
微鏡による観察によって，素材が獣毛糸なのか木綿糸なのかを解明でき
る。さらに大学博物館のように，先端的な研究を重要な使命とする館に
おいては，資料を部分的に破壊して分析する選択肢もある。例えば布か
ら糸を少しだけ切り取れば，放射性炭素年代測定法を用いて，その糸が

作られた年代を絞り込むことができる。それによって，布が結びついている土器のほうも，製作年代をより詳しく推測できるかもしれない。しかし，土器と布が元々結びついて使われていたものだ，という確証がないので，糸の年代測定の結果から，土器の年代を論じることには根拠がない。本来は別々に落ちていた土器と布とを，現在の盗掘者が結びつけただけかもしれない。また，墓から見つかった古代の織物や綿花を使って，現代の贋作者が織物を偽造した場合，近年の贋作でありながら古代の年代が測定される，といった混乱した状況も生じうる。資料からどのような情報を引き出せるのか，手法を広く学ぶことは有益だが，学術的に意義があるのか，資料の破壊や分析費用の投入に値する成果を望めるのか，まずは見極める必要がある。情報をどのように役立てるかを常に意識し，博物館の情報発信が本当に意味を持つかを考えることが大切である。

（7）非破壊分析と3D技術の活用

　医療器具としてよく知られるX線CT装置は，人間の体を輪切りにするかのように，X線で連続的に撮影して立体的に体内の様子を捉えることができる。この技術があれば，割れていない土器であっても透かして内側を撮影できる。色を捉えることはできないが，内側の凹凸を検出できるので，形状については正確に観察ができる。このX線CTをはじめとして非破壊分析の方法がさまざまに実用化され，また分析の精度の向上が図られている。また，破壊分析の場合にも，分析用のサンプルがごく僅かな量ですむようになり，破壊の影響を大幅に抑えられるようになった例もある。そのため，博物館コレクションからさらに多くの，さらに多様な情報が引き出せるようになってきているのである。

　図1－2は，東海大学文明研究所のアンデスコレクションの土器を，

第1章 メディアとしての博物館 | **17**

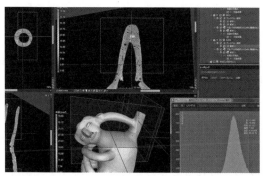

図1-2 東海大学マイクロ・ナノ研究開発センターによる土器のX線CT分析画面

高性能なX線CT装置で分析している際の画面である。物質の密度を精密に測ることができるため、胎土に含まれる気泡や混和剤、外から識別できない微細な裂け目などが詳細に観察された。また土器の一部が破損した後に、別の素材で補った事例が多数確認された。外見からは修復の痕跡が分からないほど巧妙だが、本来の形状とはかけ離れている可能性がある。美術品として扱われていたこのコレクションでは、欠損した箇所をむしろ魅力的な造形にしようと、過剰に修復した事例が見受けられた。X線CTにより修復箇所と真正な部分を区別できるようになったため、従来は贋作の疑いありとして死蔵されていた資料も、真正な部分を特定することで、積極的に研究や展示に利用できるようになった。

(8) 3Dプリンタの活用

　博物館資料をさまざまな角度から大量に写真撮影し、コンピューターを使ってそれらを統合することで、3次元情報のモデルを作ることができる。この技術をはじめとして、スマートフォンなどを使って3次元情報を個人レベルでも容易に作成できるようになってきている。X線CTを使えば、外観だけでなく内部まで含めて3次元情報を取得することが

できるが，それは先ほどの土器のように内部の研究そのものを目的としている場合や，貴重で繊細な資料をいかに保存修復するか，厳密に方法を検討する場合などに限られるであろう。しかし，写真や図面などの2次元的な情報だけでなく，外面的な3次元情報を作成し，コレクションの基礎的なデータに加えていくという試みが多くの博物館で始まっている。3次元情報はさらに3Dプリンタの普及が進むなかで，現実世界における立体物として取り出すことが容易になってきており，そこからさまざまな活用が考えられるようになっている。

図1-3は，図1-1の土器の3次元情報を基に，土器の内側の形を反転させて3Dプリンタで打ち出したものである。出力した後に若干，表面の形を整えなくてはならなかったが，欠損部を内側からぴったりと支え，想定される本来の形を再現するなど，この土器専用の台座になっている。注口の欠損部を補うパーツも一緒に作成した。

底部が欠けてしまった土器はしばしば安定して据え置くことが難しく，また欠損部が大きいまま展示をすると，来館者に本来の土器の形が伝わりにくくなる恐れがある。欠損部を石膏などで塞いで安定させるという修復方法が採られる場合が多いが，既に述べたように，土器の内側

図1-3　3Dプリンタで作成した台座と注口部品を土器の欠損部にあてがう

を肉眼で観察できる機会は貴重であり，石膏で完全に塞いでしまうのは
もったいない。この台座は土器の内側にフィットして下から支えている
だけで，必要に応じて取り外して土器の内部を研究することも可能であ
る。以前は，このような台座を紙粘土などの材料で，１点１点手作業で
製作したものだが，３次元情報を取り扱いやすくなった今日，一定の手
順に従って設計し，3D プリントすれば完成するという，より導入しや
すい状況が生まれつつある。

　３次元情報の活用は，これからの博物館にとって重要な課題である。
デジタル技術と情報通信技術の進展により，展示や保存方法が大きく変
化している。例えば，3D プリンタを用いて資料のレプリカを作成する
ことで，展示の目的に合わせて欠損部分を復元したり，傷みやすい資料
の展示はレプリカに置き換えたりと，展示や保存にさまざまに役立てら
れるようになった。さらに，精巧なレプリカを用意することで，来館者
が積極的に触って鑑賞するという，教育や展示の新しい形が生まれてい
る。また，デジタル技術は経営にも影響を与え，展示物のデータをもと
に商品を開発し，ミュージアムショップで販売する試みも増えている。
新型コロナウイルス流行の影響を契機に，インターネットを通じた博物
館の情報発信が活発化し，コレクションの 3D モデルを自宅で鑑賞，あ
るいはダウンロードするなど，さまざまな展開が見られる。

　以上，土器を事例としながら，博物館における情報とメディアの可能
性について述べてきた。博物館情報・メディア論は，こうした技術的な
変化に対応し，博物館学の各分野を統合する役割を担っており，これか
らの博物館の発展に不可欠な視点を提供する科目なのである。

3. 博物館の機能と情報・メディア

（1）博物館の基本的機能

　日本の博物館法の第2条は，博物館の定義を示す条文であり，その前半部は活動内容や目的など，博物館に求められる基本機能について述べている（デジタル庁 e-Gov 法令検索を参照のこと）。

　この法律において「博物館」とは，歴史，芸術，民俗，産業，自然科学等に関する資料を収集し，保管（育成を含む。以下同じ。）し，展示して教育的配慮の下に一般公衆の利用に供し，その教養，調査研究，レクリエーション等に資するために必要な事業を行い，併せてこれらの資料に関する調査研究をすることを目的とする機関…（以下略）

　この条文の中から，機能を表すキーワードを抜き出すならば，資料の収集，保管，展示，教育，調査研究ということになる。収集と保管あるいは保存，これらを一連の活動とすれば4種類の機能，それらを分けるなら5種類であるが，国際的に見ても博物館の機能はこれらに集約されていると言って差し支えない。

　この博物館情報・メディア論の科目の前半に相当する2～8章は，これら博物館のさまざまな機能に基づいて，学芸員や研究者が活動する際にどのように情報やメディアと向き合っていくのかを解説していく流れになっている。

（2）博物館展示における情報とメディア

　博物館のさまざまな機能の中で，人々に最も広く馴染みのあるのが展示である。本科目では，さまざまな博物館の展示会場を事例として取り

上げながら，博物館における情報とメディアを順に考察している。第2章の「博物館展示における情報とメディア」では，展示場に訪れた見学者の眼球の運動を分析して，実際に展示のどこを見ているのか測定している事例を紹介している。迎え入れた来館者に対して，どのような情報をどのようなメディアによって伝えようとするのか，情報メディアを十分に吟味しながら展示は設計されなければならない。

（3）博物館におけるメディアリテラシー

　第3章は，「博物館におけるメディアリテラシー」である。リテラシーというのは識字・読み書きの能力のことであり，それになぞらえたメディアリテラシーという言葉は意味合いの広い言葉である。今日では，個人で手軽に動画を制作することが可能で，それを発信する機会も増えたが，博物館において求められる映像制作の技能を実際の博物館の展示場を対象として解説する。

（4）資料のドキュメンテーションとデジタルアーカイブ

　第4章は「資料のドキュメンテーションとデジタルアーカイブ」である。博物館が集めた資料や調べた情報をデジタル化し，インターネットを活用して発信することを解説する。博物館は，収集保管している資料について，展示，教育，研究といったさまざまな機能に即して活用するため，資料の情報を集めて保管することは大変重要な課題である。今日では，文字や数値だけではなく，画像，映像，3次元モデルなどもデジタルデータとして作成される。それらをデータベース化して，常に閲覧・鑑賞できるようにして，ネットワークを利用して発信することがデジタルアーカイブである。

（5）博物館と著作権等

第5章「博物館と著作権等」では，博物館の情報が館内に蓄えられるだけではなく，積極的に館外へ，社会へと発信されていくために十分に理解しておくべき著作権等の権利について詳しく解説する。もし著作権や著作隣接権が関係する物，あるいは人の肖像が写っている写真やプライバシーに関する情報が書かれた資料を扱う場合には，誰にどのような内容の権利が認められているのか，どのような場合に権利侵害となるのか，許諾を得ずに利用できるのはどのような場合か，そして権利の存続期間などの重要な点について解説する。

（6）博物館におけるユニバーサルデザイン

第6章は「博物館におけるユニバーサルデザイン」である。ユニバーサルデザインとは，視覚をはじめとして身体機能に障害がある方を含め，できるだけ多くの人にとって使いやすいデザインを意味する。博物館においては，設備のバリアフリー化にとどまらず，障害者の情報アクセシビリティは重要な課題となっており，博物館におけるユニバーサルデザインに関してさまざまな取り組みを解説する。また，障害のあるなしにかかわらず，みんなで楽しめるというコンセプトの博物館展示の試みも紹介する。

（7）博物館教育の多様な機会と情報・メディア

第7章は「博物館教育の多様な機会と情報・メディア」である。博物館の機能の一つ，教育に焦点を当てる。博物館における教育というと，例えばワークショップなどの教育的なプログラムが思い浮かぶ。しかし，博物館教育というのはもっと幅広く捉えることができる課題である。博物館における教育と情報・メディアとの関わりについて詳しく解

第1章　メディアとしての博物館　｜　**23**

説する。

（8）研究と博物館情報・メディア

　第8章は「研究と博物館情報・メディア」である。大学博物館を舞台として，資料の収集・保存の現場の様子から始まり，そこからどのように先端的な研究が展開されるのかを追っていく。例えば，魚類の標本を歴史標本として長期保管しようとする場合，基本的な情報を標本に直接紐づけるタグの素材や，文字を記すインクの種類などを十分に検討しないと，保存中に読めなくなってしまうこともある。また，本章でも取り上げた非破壊分析の多様な展開についても，研究現場での取材を紹介する。

（9）デジタル技術による変革

　本科目の後半は，特に博物館をめぐる社会的な課題について取り上げる。取り扱う専門分野などの違いに基づいて，特に情報メディアをめぐってどのような特色ある活動が行われているか，またどのような課題を抱えているのかを紹介する。

　まず，第9章では，「デジタル技術による変革」というタイトルである。デジタル技術が発展したことは博物館にも大きな影響を与えている。VRを導入したデジタルミュージアムの新しい展示の事例として，軍艦島デジタルミュージアムを紹介する。閉山前の様子や現在の立入禁止区域の中の様子などをデジタル技術によって再現する。大型スクリーンやVRによって体験し，その後で現実の軍艦島を訪れるという体験である。梅棹忠夫が「メディアとしての博物館」という有名な書籍を刊行したのが1987（昭和62）年のことである（梅棹，1987）。博物館のコレクションだけでなく展示や教育プログラムなども情報を発信するメディ

アと言える。そして，それらが複雑に組み合わさった博物館は，それ自体が強い発信力を持つメディアである。これが「メディアとしての博物館」という言葉に込められた意味である。

(10) 博物館の多様性と情報・メディア

　第10章「歴史系博物館における情報・メディア」，第11章「科学系博物館における情報・メディア」，第12章「生き物の博物館における情報・メディア」，第13章「美術館における情報・メディア」では，さまざまなジャンルの館や園に焦点を当て，博物館を舞台としてさまざまなコミュニケーションが行われていることに注目する。コミュニケーションは博物館情報・メディア論の重要な論点である。

(11) 情報の保存と伝承

　第14章「映像とメディア芸術」，第15章「博物館による伝承」では，失われそうな情報を残し伝えていくという博物館の社会的な役割を取り上げる。

4. まとめ

　博物館情報・メディア論は，博物館を巡るさまざまな課題を理解する上で基礎的な視野を与えてくれると言ってよいであろう。博物館の持つ機能（収集，保存，展示，教育，研究）に即して，学芸員や研究者が活動するにあたり，どのような課題と向き合っているのか，詳しく学んでいく必要がある。

　また，デジタル技術の発展により，博物館における情報の扱い方や発信方法が大きく変化している。3D技術や非破壊分析など，新しい技術を活用することで，博物館資料からより多くの情報を引き出し，それを

効果的に保存・共有することが可能になってきている。一方で，情報の信頼性や倫理的な問題にも注意を払う必要がある。得られた情報が本当に意味のあるものなのか，その情報をどのように活用できるのかを常に考える姿勢が重要である。

　博物館情報・メディア論を通じて，これらの課題や可能性について理解を深めることで，今後の博物館のあり方や，情報・メディアとの関わり方について，新たな視点を得ることができるだろう。

参考文献

井上洋一「第1章　博物館学とは」稲村哲也編著『博物館概論（'19)』（放送大学教育振興会，2019年，pp.11-25)

梅棹忠夫『メディアとしての博物館』（平凡社，1987年)

大貫良夫，関雄二，丑野毅編「東京大学総合研究資料館所蔵南アメリカ大陸先史美術工芸品カタログ　第1部　土器」（東京大学総合研究資料館，1992年)

寺田鮎美「第1章　博物館学とは」鶴見英成編著『博物館概論（'23)』（放送大学教育振興会，2023年，pp.11-27)

デジタル庁 e-Gov 法令検索「博物館法」　https://laws.e-gov.go.jp/law/326AC10000 00285（2024年11月24日最終確認)

2 | 博物館展示における情報とメディア

近藤智嗣

《学習のポイント》 博物館には，さまざまな種類・規模の映像展示やICT
技術による展示がある。本章では，まず，博物館の展示における情報を考
え，そこから，映像やICT技術による展示解説の役割等について考える。
また，ICT技術等の急激な発達により，博物館におけるICTやメディアの
利用の重要性が拡大しているが，ここではその発展についても概観する。
《キーワード》 映像展示，ICT，情報KIOSK端末，大型映像装置，ミクス
トリアリティ，アイトラッカー

1. 博物館の展示情報

（1）陳列型展示と場面構成型展示

　博物館の資料（モノ）を公開することは，現在では「展示」と呼ばれ
るのが一般的である。しかし，先行する用語として「陳列」という用語
もある。「陳列」はモノを公開することのみを指し，現在の「展示」と
は意味合いが異なる。現在でも陳列ケースに資料を時系列や分類ごとに
並べる方法もあり，伝統的な博物館に多く見られる。ロンドンにある自
然史博物館の鉱物の分類展示（図2-1）は伝統的な陳列型の展示の例
である。

図2-1　陳列型展示（ロンドン自然史博物館）

　現在の博物館の「展示」は，モノだけでなく，そのモノがかつて存在していた自然環境や文化的な背景も含めて伝える展示が多い。そこには展示ストーリーがあり，場面構成型の展示になっている。図2-2はこのような展示の例で，国立科学博物館の縄文人の展示である。人骨だけでなく，その周りには貝塚やジオラマなどによって当時の場面が想像できるように展示空間が構成されている。

図2-2　場面構成型展示（国立科学博物館）

(2) 鑑賞展示と教育展示

　また，展示を展示目的によって分類すると，鑑賞展示と教育展示に分けることができる。鑑賞展示は実物やレプリカの展示資料を観察することが目的で，教育展示は模型等を使用して原理や構造を説明するための展示である。図2-3の例では，恐竜の全身骨格が鑑賞展示で，右下の頭部のみの展示が教育展示に当たる。この教育展示の例ではカモハシ竜のヒパクロサウルスの咀嚼のメカニズムを解説している。

図2-3　鑑賞展示と教育展示（国立科学博物館）

(3) 展示情報の階層構造

　展示は，展示室，展示コーナー，展示資料と枠組みが狭くなるにつれ，テーマも上位概念から下位概念になっていくのが一般的である。図2-4は神戸にある竹中大工道具館の例で，a）は，展示室のフロアマップで，展示室ごとに上位のテーマが決められている。b）は，展示室の上位のテーマが掲げられ，奥には下位のテーマが見える。c）は，展示コーナーとなっており，コーナーのテーマが掲げられている．d）

第2章 博物館展示における情報とメディア | 29

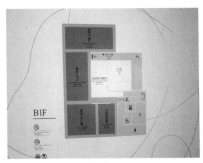
a）展示室ごとのテーマ

b）展示室のテーマ

c）コーナーのテーマと展示

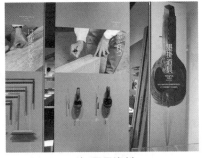
d）展示資料

e）展示と付加情報

f）情報KIOSK端末による付加情報

図2-4　展示情報の階層（竹中大工道具館）

は，さらに下位のテーマがあり資料が展示されている。e）は，資料が展示されているが，引き出しを開けるとさらに，関連した詳細の展示が見られるようになっている。一度にすべての情報を提示するのではなく，詳細を知りたい人だけに詳細情報を伝えることで，情報の制御がされている。f）は，情報KIOSK端末で，資料や解説パネルなどにない情報，例えば映像資料を見たり，用語を検索したりすることができるようになっている。展示にはさらに，音声ガイドなど，移動しながら使用する携帯型の展示解説もあり，これらの情報によって構成されているのが現在主流の展示方法である。

2. ICT・映像による展示解説

（1） 従来の展示解説機器と現在の動向

　従来の展示解説機器には，当初はスライドプロジェクターやビデオ映像が使われ，さらに臨場感等を演出するためマルチスクリーンや大型映像による工夫もされてきた。近年は，ICT化が進み，展示室の一角にタッチパネル式の情報KIOSK端末（図2-5）が設置されている場合も

図2-5　情報KIOSK端末（ドイツ：ゼンケンベルグ自然史博物館）

第 2 章　博物館展示における情報とメディア　｜　**31**

図 2-6　**来館者持参のスマートフォンによる展示解説**（琵琶湖博物館）
　　　　（琵琶湖博物館の「びわ湖ナビ」は 2023 年 3 月で終了）

多い。また，館内を移動しながら使用する携帯情報端末（Personal Digital Assistant：PDA）を貸し出す博物館も多かったが，最近は，来館者が持参するスマートフォンを使用することも増えてきている（図 2-6）。

3．重畳型展示（展示資料と解説情報の融合）

(1) 重畳型展示の従来の方法

　映像による解説情報を展示資料に重畳させる展示方法は従来から存在している。本項では，多くの博物館などで使われているハーフミラー型，固定双眼鏡型，投影型についての説明と，その課題を取り上げる。

1）ハーフミラー型（マジックビジョン）

　従来の展示解説メディアとしては，ハーフミラーを使用してジオラマと映像を重畳させるマジックビジョンやファンタビューと呼ばれる装置がある。図 2-7 は国立科学博物館にあった例で，深海のジオラマにアニメーションで熱水噴出の仕組みを合成しているところである（リニュ

図2-7 マジックビジョン（国立科学博物館）

図2-8 フンボルト自然史博物館
（左：Jurascopes，右：骨格に筋肉が重畳されたシーン）

ーアルのため2014年8月まで存在)。上部に取り付けられたモニターの映像が，ジオラマの前面のハーフミラーに反射してジオラマ上に見える仕組みである。この装置であれば，ジオラマの部位を指示することができる。しかし，ハーフミラー越しに見学しないといけないため，後ろ側からなど自由な方向から見ることはできないことと，ビデオ映像を重畳させているため，インタラクティブな操作ができないことなどがある。

2）固定双眼鏡型（「Jurascopes」フンボルト自然史博物館）

「Jurascopes」は，ベルリンのフンボルト自然史博物館の恐竜の展示

室に設置されたCGコンテンツである。図2-8のように左の双眼鏡タイプのデバイスで骨格標本の方向を覗くと，図2-8の右のように骨格に筋肉，生体復元像，当時の風景の中で動き出すアニメーションが順に表示されるというものである。音声による解説はなく効果音のみだが，骨格標本だけでは分からない内臓や筋肉，さらには生きていたときの姿をイメージできる映像メディアである。しかし，展示室の映像はライブの映像ではなく，CGもリアルタイムに生成する3Dグラフィックスではない。システムとしては，双眼鏡台の回転軸から向きを検出していると思われ，遠くの標本は自動的にズームインされる。双眼鏡タイプのデバイスの隣の床には同じコンテンツがディスプレイに表示され，双眼鏡まで届かない子どもでも見ることができるように工夫されている。この場合の操作はディスプレイ横のレバーで行うようになっている。

3）投影型（プロジェクションマッピング）

フランスの国立自然史博物館の特別展として開催されたDinosaure, la vie en grand（2012.10.24～2013.5.13）は，図2-9のようにマメンチサウルスの実物大模型の腹部にプロジェクタで映像を投影し，消化等

図2-9　実物大復元模型に映像を投影
（フランス，パリの国立自然史博物館）

の仕組みを解説するものである。最近ではプロジェクションマッピングと呼ぶ方法である。模型の腹部をスクリーンとして使用しているが，映像で表示される内臓の位置と模型の腹部の整合性がとれているため，位置関係が分かりやすくなっている。

４）従来の重畳型展示の課題

　情報KIOSK端末や携帯端末では，展示資料と解説情報に空間的な乖離があり，どの部分の説明か分かりにくいという課題があった。これに対して，ハーフミラー，双眼鏡，投影などを利用した工夫が従来からなされ，重畳型展示の必要性があったと言える。しかし，マジックビジョンはハーフミラーとモニターが組み込まれる専用の装置となるため，展示資料ではなく専用のジオラマに合成される場合が多く，大型の骨格標本等を対象とするのは困難である。双眼鏡型の「Jurascopes」は，展示対象が大型の恐竜で遠くから解説を視聴する場合は問題がない。しかし，展示資料に近づいたり回り込んだりすることはできなく，骨格標本の細部を観察するのには不向きである。投影型は，展示資料がスクリーン面になる場合は可能だが，肋骨のように面にならない場合は不可能である。また，これらのシステムに言えることは，奥行き方向の位置を指定することができず，部位を正確に指定することはできないという問題がある。

　従って，コンテンツによっては，展示資料に近づいたり回り込んだりしながら展示解説を視聴できること，立体視によって奥行き方向の位置指定ができること等がさらに課題として挙げられる。

（２）ミクストリアリティというメディア

　ミクストリアリティ（Mixed Reality：MR：複合現実感）という用語は，1997年ごろから使われ始め，2002年ごろから一般にも知られるよう

になった用語である。現実空間とバーチャル空間を融合するという意味である。バーチャル空間は，バーチャルリアリティ（Virtual Reality：VR）と同じようにリアルタイム3Dグラフィックスで作られた空間である。

　図2-10は，筆者らが国立科学博物館においてMRによる展示を実施したときの写真である（現在の常設展示では見ることができない）。展示室の天井には2体の骨格標本が吊されていて，左が水生哺乳類，右が水生爬虫類である。この2体は，違う進化の道のりをたどってきたが水中に適応して似通った姿になったという収斂進化の展示である。写真右下の白枠内は体験者が見ている映像である。この骨格標本をMRの装置を通して見ると，肉付けされた尾ひれの動きが上下（哺乳類）と左右（爬虫類）というように泳ぎ方の違いを3DCGのアニメーションで確認できるというものである。

　博物館展示へのMR応用の場合，現実空間は展示室や資料・標本で，バーチャル空間は解説情報に当たる。一般的に展示室には資料や標本が陳列されているだけでなく，パネルや映像による解説情報もあり展示が補完されている。これを同一の空間上に提示したのがMRによる展示

図2-10　MRの博物館展示への応用例

である。この例では生体復元された3DCGを骨格標本上に提示したが，別の3DCGに切り替えたり，文字や音声による解説を付加したりと多彩な表現が可能である。

図2-11は，MRのコンテンツで，ジュラ紀後期の植物食恐竜ナノサウルス（旧学名・オスニエロサウルス）の骨格標本に3DCGが合成され，恐竜の特徴である骨盤について解説されるものである。MR用のゴーグルを使うとこのように合成されて見える。通常の展示室には，情報KIOSK端末や音声ガイドがあるが，目の前の標本のどの部位の解説かが分かりにくかったり，端末の画面と標本を交互に見なければならなかったりする。しかし，MRの場合は，この問題を解決し，三次元的に位置合わせができているので，近づいたり，回り込んだりして見ることもできる。位置合わせ精度を高めることで，骨盤の腸骨・恥骨・坐骨という細部であっても，CGによる解説を合成することが可能である。

図2-11　MRコンテンツ（恐竜の骨盤の解説）

図2-12は，始祖鳥の板状の化石標本をスマートフォンのカメラ越しに見ると骨格復元や生体復元されたCGが重畳される始祖鳥の解説コン

第2章　博物館展示における情報とメディア　｜　37

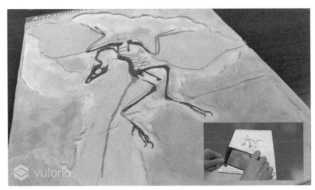

図2-12　MRアプリ（始祖鳥）

テンツである。筆者が実験用に開発したものであるが，このように一般的なスマートフォンでも重畳型展示は可能である。

4. 大型映像装置

　大型映像には，博物館内の視聴室などのシアター型と展示室内に解説の一部としてある展示室型がある。また，国立科学博物館のシアター36○（サンロクマル）のような全天球型映像装置や立体視が可能なものもある。多くの大型映像装置はあらかじめ用意された映像を再生しているものである。リアルタイムに映像を生成する装置であれば，大型映像装置であってもインタラクティブに見学者の見たいところを見られるようにすることが可能である。2003（平成15）年に開催された国立科学博物館の「神秘の王朝—マヤ文明展」，印刷博物館のVRシアター，それ以降の東京国立博物館のミュージアムシアターは，ナビゲーターが操作しながらコンピュータでリアルタイムに生成された映像を視聴するシアターである。いずれもTOPPANが開発したシステムである。ここでいうリアルタイムとは，ゲームの3DCGのようにユーザーの操作に合わ

せて表示が変化するという意味であり，映画で使われている 3DCG のようにあらかじめ作られた映像ではないことを意味している。上記の例は，シアター型で一回の上映では多数の視聴者がいるため，個々の要望を聞くことはできないが，ナビゲーターが視聴者の要望に応えて見る場所を変えることは可能である。

5. 博物館におけるデジタル技術の動向

（1） デジタル技術が駆使された事例：福岡市科学館

　福岡市科学館は「人が育ち，未来をデザインしていく科学館」という理念の下，2017（平成19）年10月に開館した。比較的最近の開館で，新しい技術が展示に効果的に取り入れられているため本節で取り上げることにした。場所は福岡市中央区の六本松にある商業施設の3階から6階である。3階は企画展示室等，4階は実験室や交流室，5階は基本展示室，6階はプラネタリウムとなっている。図2-13は基本展示室で，「宇宙」「環境」「生活」「生命」がテーマのコーナーが四隅にあり，その中

図2-13　福岡市科学館5階の基本展示室

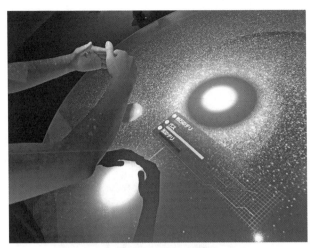

図2-14　福岡市科学館の惑星メイカー

央に未来について考える「フューチャー」コーナーがある。その奥にはサイエンスショーのステージもある。図2-14は，「宇宙」コーナーの「惑星メイカー」という体験型展示である。テーブルに投影された星雲の映像の上で，手を囲むと宇宙の塵が集まってきて星が生まれるというものである。天井には映像を投影するプロジェクターと Kinect 2 というセンサーが取り付けられており，手で囲んだエリアの検出を行っているため非接触で操作できる仕組みである。非接触はコロナ禍で特に重要な要素になったが，コロナ禍後も，衛生面やメンテナンスの観点からもさらに普及すると予想される。

（2）デジタルを活用した展示の要素技術
1）Microsoft Azure Kinect DK
　Kinect（キネクト）は，ジェスチャーでゲーム等を操作できるデバイスである。2010年に Microsoft 社から販売され，図2-15は2019年版の

第4世代である。深度センサー，空間マイク配列，ビデオカメラ，方位センサーを備えており応用範囲が広い。ボディトラッキングも可能で，体験者が全身を使ったジェスチャーで操作する体験型展示等でも使われている。

図2-15　Microsoft Azure Kinect DK

2）Ultraleap 3Di

　Leap Motion は，2012年に Leap Motion（現：Ultraleap）社から販売され，図2-16は上位機種の Ultraleap 3Di で，両手と10本の指をそれぞれ独立して同時に認識することができる。手の細かい動作による操作が必要なコンテンツ等で使用できる。

図2-16　Ultraleap 3Di

3）LiDAR（ライダー）

　LiDAR（Light Detection And Ranging）とは，光検出と測距のことで，光が物体に反射して戻るまでの時間を計測して，深度マップを作成する技術である。自動運転等でも使われている技術と同じである。図2-17は，LiDARスキャナの例である。左の写真はApple社の2022年のiPad Proで，左の二つのレンズがカメラ用，右中央がLiDARスキャナである。スキャン可能な範囲は5m弱である。右の写真はMatterport社の専用のLiDARスキャナで，スキャン可能な範囲は20m程度である。図2-18はiPad Proで部屋をスキャン途中の状態である。いずれも移動しながらスキャンしていくと，つなぎ合わさって大規模なデジタル空間になるという仕組みである。こうした空間はデジタルツインと呼ばれ博物館でも多く使われている。Webブラウザで閲覧でき，バーチャル空間内を移動したり，資料のサイズを測ったりすることも可能である。放送番組では第3回で紹介している。

図2-17　LiDARの例（左：タブレット端末，右：専用スキャナ）

図2-18 LiDAR

4）アイトラッカー（見学者は展示のどこを見ているのか）

図2-19は，アイトラッカーというメガネ型の視線計測装置を装着して展示室を見学してもらい，停留点をプロットしたものである。この見学者は博物館を訪れたことが少ないということであったが，展示資料よりも解説パネルを中心に見ていた傾向があることが分かる。見学をガイドする展示解説は重要で，MRや事前学習が有効であると考えられるが，それ以外にも解説パネルの作り方，音声ガイドのナレーションを工夫することも考えられる。こうした工夫は内製でもある程度可能である。また，見学者の行動分析から展示手法を計画したり，AIで行動を予測して必要な情報を提供したりする機能も考えられる。将来の展示には，この分野の研究が重要になるであろう。

図2-19 展示見学時の視線計測（竹中大工道具館）

6.　まとめ

　ニューメディアと呼ばれた1980年代から始まったデジタル化は，1995（平成7）年ごろからのインターネット，携帯電話などの普及によって，コミュニケーションの手段も大きく変えた。博物館におけるICT活用もさまざまな可能性があり，少しずつ具現化されてきている。博物館の特徴は，資料や標本などの「モノ」が存在していることである。博物館のICT活用の課題は，モノと人，モノとモノ，モノとバーチャル，モノと解説情報などをどうつなげるかである。本章では，こうした課題に向けた事例を挙げた。これらの事例からは，大きな変革の黎明期であることを思わされた。技術的な課題はまだ多く，数年で陳腐化したり使用されなくなったりしたコンテンツや技術もあるが，潜在能力を秘めていることは確かだろう。個々のニーズに応じて異なった解説を提示できるような可能性もある。また，展示物間，博物館間，博物館と家庭，博物館と学校を結ぶこともICT活用によって可能性が高まってきたと言えるだろう。

参考文献

青木豊，博物館映像展示論—視聴覚教育をめぐる—（雄山閣，2004年）
近藤智嗣，没入型複合現実感展示におけるガイド機能の評価（＜特集＞3次元インタラクション）．日本バーチャルリアリティ学会論文誌，（2012年，17.4：pp.381-391）
日本展示学会，展示論—博物館の展示をつくる—（雄山閣，2010年）

3 | 博物館におけるメディアリテラシー

近藤智嗣

《学習のポイント》 本章では，学芸員が知っておくべきメディアリテラシーとして，ビデオのマニュアル撮影を取り上げる。近年のカメラはオート機能が充実しており初心者でも容易に扱えるが，マニュアル撮影することで，博物館における撮影の質を向上させることができる。また，学芸員が映像制作を外部委託するときや，自作して展示や記録に応用するための技能を養うことにもなる。マニュアル撮影に必要な基礎知識のなかでも，特に初心者には分かりにくいと思われる事項を取り上げることにする。

《キーワード》 絞り，シャッタースピード，被写界深度，色温度

1. 本章の目的

本章のタイトルにあるメディアリテラシーという言葉には，二つの意味がある。一つは，リテラシーが読み書き能力という意味であることから，写真や映像等のメディアを使って読み書きする能力，つまり，メディアの使い手としての能力である。もう一つは，メディアからの情報を鵜呑みにするのではなく，批判的に視聴できる能力（批判的視聴能力），つまり，メディアの受け手の能力である。本章では，前者のメディアの使い手としての能力を養うことを目的としている。

「博物館情報・メディア論」（2単位）は，博物館学芸員養成科目として「博物館情報論」（1単位）と「視聴覚教育メディア論」（1単位）が統合され，2009（平成21）年から3年間の移行期間を経て必須となった

科目である。その内容の狙いは「博物館における情報の意義と活用方法および情報発信の課題等について理解し，博物館の情報の提供と活用等に関する基礎的能力を養う」となっている。本章は，旧「視聴覚教育メディア論」の内容を最も継承した内容と言えるだろう。

最近は，ふだん持ち歩いているスマートフォン等にも高精細のビデオカメラ機能が備わっており，映像として容易に記録することができるようになっている。また，家庭用のビデオカメラも4Kの高解像度のカメラが普及しつつあり，安価に高画質の映像を撮影できるようになった。そのため，学芸員にとっても，映像コンテンツ制作や映像記録の需要は高まっていると思う。

スマートフォンやホームビデオは，多くの場合がオート機能で撮影し，カメラの構造や機能の知識はほとんど不要である。しかし，学芸員が博物館の資料を記録として撮影したり，映像展示のコンテンツを制作したりするために，カメラの構造や機能の知識がないと効果的な映像は撮影できない。本章は，初心者にとっては分かりにくいカメラの基礎知識のうち，必要最低限の事項を取り上げたものである。

2. カメラの基本構造

（1）カメラの基本構造

写真やカメラの話をするとき，絞りやシャッタースピードという言葉を聞いたことがあると思う。この二つの機能は，マニュアル撮影をするうえで必須の事項である。本項では，絞りとシャッタースピードを中心にカメラの基本構造について解説する。

1）絞りと明るさ

絞りは，カメラのレンズ部にある穴の大きさを変え，レンズから入る光の量を調整する機構である。人間の目は強い光を受けたとき，瞳孔が

小さくなるが，これと同じ仕組みである。ビデオカメラではアイリス（IRIS）と書かれていることが多い。図3-1は，スチルカメラのフィルム装填部のふたを開いたところである。中央の丸い穴が絞りで，左の写真は穴の向こうに被写体が見えている。右の写真も中央に穴があるが，左と比べて小さい。絞り値を変えるということは，このように穴の大きさを変えているということである。このカメラの場合，手前にフィルムを装填するが，デジタルカメラの場合は，CMOSイメージセンサー等の撮像素子が付けられている。絞りの穴を通って入ってきた光がフィルムや撮像素子に当たり，像が記録されることになる。

図3-1　絞り（左：開いた絞り，右：絞った絞り）

2）シャッタースピードと明るさ

　一般的にシャッタースピードを速くするとか遅くすると言うが，シャッタースピードは，シャッターが開いて露光している時間のことである。図3-2の左は，シャッターが閉じている状態で，画面中央の四角い部分がシャッターである。フィルムを装填するときは，この状態になっている。図3-2の右はシャッターが開く途中である。先ほどの図3-1は，シャッターを開けた状態で絞りがよく見えるようにしたもので，シャッターを完全に開くと図3-1のようになるということである。シャッターボタンを押すと，シャッターが開き，フィルムや撮像素子に露

光される。シャッターが長い時間開いていれば光量が増えて明るい画像になり，逆に短ければ暗い画像になる。絞りは，穴の大きさで光の量を調節するものだが，シャッタースピードは時間で光の量を調節するということである。

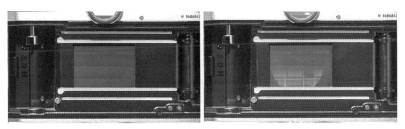

図3-2　シャッター（左：閉じたシャッター，右：開く途中のシャッター）

（2）絞りとシャッタースピードの関係

　絞りとシャッタースピードのそれぞれで，明るさの調節が可能であるが，両者には，図3-3のような関係がある。光量を水道の蛇口から出る水の量として例えたものである。水の量を変えて時間を調節することで，同じ結果（適正露出）となるということである。蛇口を絞ると水の出る量は少なくなり，コップ一杯に水をためるには時間がかかる。また蛇口を反対にひねって水の出る量を多くすると，短時間でコップ一杯に水がたまる。このコップ一杯が適正な光の量（適正露出）に相当し，適正露出にするのに幾通りか方法があるということである。

　適正露出になるように，絞りとシャッタースピードのバランスがとれていれば，どの設定でも問題ないが，撮影された画像が異なる。この異なり方を手動で調整するのが，マニュアル撮影の基本になる。撮影された画像の違いは後述する。

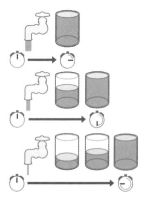

図3-3　絞りとシャッタースピードの関係

(3) ビデオカメラの基本構造

　ここまでは，写真用のスチルカメラで説明したが，この絞りとシャッタースピードの関係は，ビデオカメラにも共通する概念である。図3-4は，ビデオカメラの基本構造の簡略図である。外界の光がレンズから入り，複数のレンズや絞りを通って撮像素子に結像する。人間の眼球も基本的に同じ構造で，水晶体がレンズ，虹彩が絞り，網膜が撮像素子に当たる。撮像素子にはCMOSイメージセンサー等が使われている。ビデオカメラのレンズは複数で構成され，ズームで望遠や広角と画角を変えるためのバリエーターレンズ，フォーカスを合わせるためのフォーカシングレンズ等がある。また図のようにNDフィルター（Neutral Density filter）という減光フィルターが備わっている機種もある。3CMOSと書かれた機種は，撮像素子が3枚入っていて，プリズムでRGBの三原色に分解されて記録される仕組みである。撮像素子に結像し電気信号に変換された映像信号は画像処理され，メモリカードやテープに記録される。また，音声はマイクを通して入力される。このほかには，撮影し

ている映像やさまざまな情報を表示するモニターやファインダーがあり、これらの要素でビデオカメラは構成されている。ビデオカメラの場合、メカニカルなシャッターは存在せず、電子シャッターとして機能している。

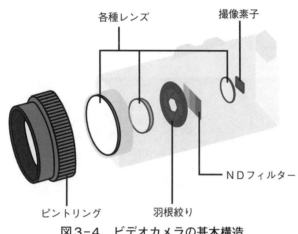

図3-4　ビデオカメラの基本構造

3. マニュアル機能

(1) ビデオカメラのスイッチ類

　プロ用の高機能なカメラでもフルオートモードがあるのが一般的で、フルオートモードにしておけば、細かな設定はカメラ任せで撮影できる。

　電源を入れて録画ボタンを押すだけで撮影できるので、急いでいるときや条件の変化が予測できないような場合は便利である。しかし、画づくりを考える場合は、マニュアルモードで撮影しなければならない。そのためには、カメラの機能も理解しておく必要がある。ビデオカメラに

は，図3-5のようにスイッチ類がたくさん付いており，マニュアルモードでは，これらを操作する必要がある。スイッチ類には，スイッチ，ボタン，レバー，リング等さまざまな種類がある。また，操作する場所が多く，圧倒されてしまうかもしれないが，機能ごとに分類すると，さほど複雑ではないことが分かる。ビデオカメラは，さまざまなメーカーの機種があり，解像度，レンズ，記録メディア等の違いがあるが，スイッチ類の機能は，共通するものが多い。

図3-5　ビデオカメラのスイッチ類

(2) マニュアル機能の分類

表3-1は，マニュアルモードのあるビデオカメラの一般的なスイッチ類を機能別に分類したものである。1) ズームは，画角を望遠や広角に調整する機能，2) フォーカスは，ピント合わせに関する機能，3) ホワイトバランスは，色温度の調整に関する機能，4) 光量は，画面の明るさに関する機能，5) 音声は，音声入力の設定に関する機能である。

ビデオカメラに付いているたくさんのスイッチ類は，基本的にこの5つの機能に分類できるので，整理すると覚えやすいだろう。

表中の調整方法がビデオカメラに付いているスイッチ類である。メー

カーや機種によって表記が異なっていたり，機能が備わっていなかったりする機種もある。確認方法は，ビデオカメラのモニターに表示されるので，この表示を確認しながらスイッチを調整することになる。

表3-1　マニュアルモードの機能による分類

機　　能	調　整　方　法	確　認　方　法
1）ズーム（画角）	T/W ／ リング	
2）フォーカス（焦点）	AF/MF ／ リング	ピーキング 拡大表示
3）ホワイトバランス（色温度）	WB ／ ATW	色温度
4）光量	アイリス（絞り） ゲイン ／ ND フィルター シャッタースピード（速度）	ヒストグラム ゼブラ
5）音声	入力切り替え 音声レベル	レベルメーター

4．マニュアル撮影

（1）適正照度

1）グレースケールチャートと波形モニター

　まず，ビデオ撮影のときの適正照度とはなんだろうか。カメラはレンズの大きさ等により，同じ明るさの照明環境で撮影してもカメラごとに明るさは異なる。そのため，カメラごとに明るさを調整する必要がある。そのときに目安となるのが，反射率83％の被写体を撮影して映像信号が100％となる光の量が適正照度というNHKの基準等である。図3-6の左はビデオカメラの白黒のバランスや調整用に使用するグレースケールチャートというものである。これのグラデーションになっていると

ころの右上と左下の明るい部分が83％の反射率となっている。グレースケールチャートを画面一杯に収まるように撮影し，波形モニター（ウェーブフォームモニター）という計測器を用いると図3-6の右のように表示される。これは，ビデオ信号波形をGBR（緑青赤）に分解して表示したもので，グレースケールチャートの白い部分が100％のところにくるように絞り等で調整する。波形モニターがない場合は，次項で説明するビデオカメラのヒストグラムやゼブラ機能を使用して調整することもできる。

図3-6　グレースケールチャート（左）と波形モニター（右）

2）ヒストグラムとゼブラ

　図3-7は，ヒストグラムとゼブラを表示したモニターの画面である。ヒストグラムは，右下の棒グラフで，左が暗い部分，右が明るい部分の輝度の度数分布をグラフにしたものである。つまり，図3-7の場合は，明るい部分は少しで，暗い部分が多いということが分かる。

　特に気をつけなければならないのは，右端か左端にグラフの山があるときである。この場合，露出オーバーで「白とび」したり，露出アンダーで「黒つぶれ」したりしている可能性がある。映像として記録できる

範囲を超えているということなので，データとしても記録されてなく，編集段階で復元することはできない。ピントと同様に撮影時の注意事項である。

ゼブラは，特定の輝度レベルのエリアを斜めの縞模様で表示する機能である。図3-7では，画面左側のまなぴーの羽の部分にゼブラが出ているのが分かる。ゼブラはカメラマンが使いやすいように設定できる。100％以上に設定しておくと，そこが白とびしていることが分かり，70％に設定しておき，人の顔の明るさの判断に使う場合もある。2種類のゼブラパターンを同時に表示することもできる。

図3-7　ヒストグラムとゼブラ

3）その他の光量に関係する機能

マニュアル撮影ができるビデオカメラには，図3-8の左のような光量を調整する機能が付いている。機種によってボタンの配置等は異なるが，絞り（アイリス），ゲイン，シャッタースピードを調整できる機能が備わっているのが一般的である。また，図3-8の右はNDフィルター（減光フィルター）で，これも光量を調節するものである。

ゲインは，画面の明るさを変える機能で，主に明るさが足りないときに使用する。カメラに入る光量を増減させるのではなく，カメラに内蔵された映像アンプによって映像信号の出力を増減させるものである。そのため，ゲインを上げると少しノイズが入ったざらざらした画質になる。

　NDフィルター（Neutral Density filter：減光フィルター）は，色温度を変えずに暗くすることができるフィルターである。カメラに内蔵されていない場合は，レンズに装着することもできる。

　明るさは，基本的には絞り（アイリス）で調節する場合が多いが，問題が生じることがある。例えば，照明環境が暗すぎてアイリスを絞れないときや，逆に明るすぎて絞りを開けられないときである。また，被写体が動いているのでシャッタースピードを遅く（長く）できないとき等である。こういうときにゲインとNDフィルターを活用することができる。

　このように調整機能が複数あるのは，同じ明るさであっても，これらの調整によって画の表現を変えることができるからである。

図3-8　その他の光量に関係する機能

(2) 絞りとシャッタースピードによる画づくり
1) 絞りの調節で背景をぼかしたりくっきりさせたりする

　絞りで光量を調節できるが，同時にピントの合う範囲も設定できる。絞りを調節すると奥行き方向のピントの合う範囲が変わる。この範囲のことを「被写界深度」という。図3-9の例では，左は，並んでいる瓶の中央（3列目）あたりにのみピントが合っているが，右は手前の瓶も奥の背景の棚にもピントが合っているのが分かる。左が絞りを開けた写真で，右が絞った写真である。

　博物館での応用としては，例えば，遺跡の壁を斜めから撮影するとき，手前にも奥にもピントを合わせたいときは右の写し方になる。また，絵巻物を広げたときは，多少の凹凸ができるが，凹凸によりピントの合っていない箇所がでないようにするためにも，絞りを絞って撮影することになる。広報用の写真などで来館者の顔をぼかし，資料はピントが合っているように撮影したいときは，左の写し方になる。

図3-9　被写界深度（左：浅い，右：深い）

2) シャッタースピードによるフリッカー対策

　シャッタースピードの初期値は，1/60秒か1/100秒に設定されている場合が多い。これは蛍光灯や博物館のメンテナンス用の照明によく使われている水銀灯のちらつき（フリッカー）と同期させるためである。交

流電源の周波数が東日本で50Hz, 西日本で60Hzなので, 画面にフリッカーが出てしまうときは, 東日本では1/50秒か1/100秒, 西日本の場合は1/60秒にシャッタースピードを設定するとフリッカーを軽減できる。なお, プロジェクターで投影された映像は1/60秒が多いので, 東日本の蛍光灯や水銀灯下でプレゼン等を撮影する場合は注意が必要である。

3) シャッタースピードによる画づくり

　シャッタースピードは, フリッカー抑えだけでなく, 画の表現を変えることもできる。図3-10の左右の写真を見比べてみよう。同じ噴水を, 左は速いシャッタースピード(1/1,000秒)で, 右は遅いシャッタースピード(1/30秒)で撮影した映像の1コマである。左は水滴が見えるのに対して, 右は水が流れて見える画になっている。

図3-10　シャッタースピード (左:速い, 右:遅い)

(3) 広角と望遠の違い

　図3-11の左右の写真を見比べてみると, 画面内のまなぴーの大きさは, ほぼ同じだが, 背景に大きな違いがあることが分かる。左はカメラを近づけて広角で撮影し, 右はカメラを離して望遠で撮影したものである。

　左は背景の広い範囲が写り, 右は背景の狭い範囲が写っている。ま

た，背景のピントにも注目してほしい。左は画像が鮮明であるが，右は背景の画像がぼけている。ピントが合って見える奥行きの幅（距離）を被写界深度というが，焦点距離が大きいほど，これは小さくなる。広角と望遠では，同じ被写体を撮影しても，このような違いが生じるのである。

図3-11　広角と望遠（左：広角，右：望遠）

また，博物館の資料を撮影する場合，なるべく歪みのないように撮影したいことがある。図3-12は左が広角，右が望遠で撮影したものである。広角は垂直の線が上に広がっている。このような場合は，少し離れて望遠で撮影するほうが，右のように歪みの少ない画像を撮影できる。

図3-12　広角による歪み（左：広角，右：望遠）

（4）ホワイトバランスと色温度

　学芸員が映像を撮影する場所としては，屋外，講演会，展示場のように
さまざまである。ここの照明環境を考えてみると屋外は太陽光，講演
会場は白っぽい蛍光灯，展示場は赤っぽい LED のように，照明の色味
もさまざまである。映像を撮影する場合は，この照明の色味（色温度）
に注意し，照明環境が変わるたびにホワイトバランスをとる必要があ
る。本項ではこのことについて解説する。

1）色温度

　色温度という言葉は，聞き慣れないかもしれないが，赤っぽいとか青
っぽいという光源の色味を表す尺度である。夕日の下の色は，日中と比
べて赤っぽいというのが色温度の違いである。蛍光灯や LED 電球の，
電球色，昼白色，昼光色というのも色温度の違いである（口絵1）。

　色温度の単位は，絶対温度を表すK（ケルビン）である。色温度
5,000K 付近が白色で，それより低いと赤味，それより高いと青味を帯
びてくる。電球色は約 3,000K，昼白色は約 5,000K，昼光色は約 6,500K
である。ハロゲン光源のスタジオ照明は約 3,200K，LED 照明等白っぽ
いスタジオの照明は約 5,500K となっている。

2）ホワイトバランス

　人間は色順応によって，白い紙はどんな照明下でも白く見えてしまう
が，カメラで撮影すると屋外と電球色の照明下では，ずいぶん違って見
えてしまう。光源の色味の偏りによる被写体の色味の変化をキャンセル
するのがホワイトバランスである。

　ホワイトバランスの調整方法は，白い紙やグレースケールチャートを
画面一杯に撮影してホワイトバランス（WB）のボタンを押すだけであ
る。最近のカメラは自動で逐次ホワイトバランスを調整する機能がつい
ているものもある。この機能をオート・トラッキング・ホワイトバラン

ス（ATW）と言う。

　また，スチルカメラで資料を撮影する場合は，カラーチェッカーという
うカラーマネージメントのためのチャートを含めた写真を撮影しておく
と，正確な色を再現できるようになる。

5. ビデオ規格

　博物館にはシアターが併設され，展示に関連する映像を上映している
ことがある。このようなシアターは，高精細映像で集客している場合が
多く，4Kや8Kが主流になりつつある。また，ビデオカメラは4Kの製
品が増えている状況で，ホームビデオや超小型のアクションカムも4K
が採用されている。本節では，こうした解像度の基礎知識をおさらいし
ておく。また，撮影時のモード設定に，インターレースとプログレッシ
ブの選択があるカメラが多いが，基礎知識としてこの解説もしておく。

（1）ハイビジョン

　ハイビジョン（HD）のうち，画面解像度が1920×1080ピクセルの場
合をフルハイビジョンと呼ぶ。また，ハイビジョンという場合でも主な
BSや地上波の放送は1440×1080ピクセルになっている。アナログ時代
の放送はDVD-Videoと同程度の720×480ピクセルくらいだったので，
高解像度，つまり，密度の高い画面になってきているということであ
る。

（2）4Kと8K

　現在は，4Kという3840×2160ピクセル（UHD）のビデオカメラも普
及している。4Kとは，水平解像度が約4,000ピクセルということであ
る。4Kには，銀塩フィルムカメラの代わりに用いられている映画用の

デジタルビデオカメラもある。デジタルシネマ4K等と呼ばれるもので，解像度は4096×2160ピクセルと横に少し長くなっている。図3-13はこれらの解像度の違いを表したものである。

さらに，高解像度の7680×4320ピクセルで，8Kやスーパーハイビジョンと呼ばれる規格もある。4Kと8Kの放送は，2018（平成30）年12月1日から始まっている。

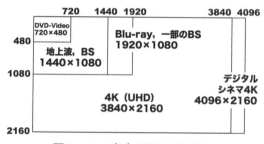

図3-13　ビデオ画面の解像度

（3）インターレースとプログレッシブ

フレームレートは，1秒間に表示する静止画の数（コマ数）のことである。テレビは約30コマ，映画やアニメーションは24コマが多い。フレームレートが約30コマということを，さらに詳しく言うと，インターレースやプログレッシブの違いがある。カメラの撮影モードには，その選択があり，1080/60iや1080/30pのように書かれている場合が多い。iがインターレースで，pがプログレッシブを意味している。1080は1920×1080のフルハイビジョンのことである。iとpの違いは，動画の描画方法，伝送方法の違いである。インターレースとは「飛び越し走査」とも呼ばれ，イメージとしては図3-14の左のように1枚の画面を奇数行，偶数行と半分ずつ走査し，合わせて1枚の画像とするものである。一

方，プログレッシブは図3-14の右のように1枚の画像をそのまま伝送する方式である。

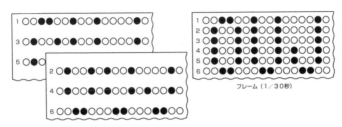

図3-14　インターレース（左）とプログレッシブ（右）

6．まとめ

　本章では，博物館学芸員が知っておくといいメディアリテラシーとして，ビデオの撮影方法について解説した。撮影方法としては，ここに書かれたことだけでは十分ではないが，撮影時のカメラ設定をオートからマニュアルモードに変えることで，撮影した結果も変わることを知識として得てほしい。本章では，肉眼による感覚的な撮影ではなく，グレースケールチャートやカラーチェッカーなどを使用し，波形モニターなどの計測器，カメラのヒストグラムやゼブラ機能なども使用することを解説した。学芸員の仕事としての撮影では必須のことだからである。この章で触れられなかった照明や音声についても同様な心構えが必要である。デジタルのカメラ機器は，近年さらに発展，多分野化している。例えば，360度撮影できるビデオカメラや，ドローンのような空中撮影も一般化している。これらの新しい機器による撮影の場合も，本章の知識は役立つはずである。

4 | 資料のドキュメンテーションと
デジタルアーカイブ

有田寛之

《学習のポイント》 博物館は資料を収集し，長期にわたり保存し後世に伝えるという基本的機能を持っているが，ただ資料を集めて大切にしまっておくだけでは博物館のすべての機能を果たすことにはならない。集めた資料を調べ，情報を取り出した成果を社会に還元しなくてはならない。
　社会の情報化，ネットワーク化が進み，博物館も資料や情報を使った社会還元において情報をデジタル化し，インターネットを活用する機会が増えている。本章では，博物館情報のデジタル化とインターネットを活用した情報発信について概観する。
《キーワード》 メタデータ，ドキュメンテーション，情報通信技術，デジタルアーカイブ

1. 博物館の機能と情報の関わり

　我が国の博物館法において定義される博物館とは，「歴史，芸術，民俗，産業，自然科学等に関する資料を収集し，保管（育成を含む。以下同じ）し，展示して教育的配慮の下に一般公衆の利用に供し，その教養，調査研究，レクリエーション等に資するために必要な事業を行い，併せてこれらの資料に関する調査研究をすることを目的とする機関」である。
　博物館は，資料を集める活動を出発点とし，資料に基づいた基礎的研究を行い，資料を活用した展示や教育活動を行って人々の多様な学びに応えるという機能を持つ。そのため，集めた資料を整理し，個々の資料

がどのようなものなのかを明らかにしないかぎり，博物館は本来の機能を果たしていないということもできる。

　博物館が資料を入手した場合，資料に関するデータを体系的に記録し，資料とともに保存し，いつでも情報として活用できるようにすることが基本となる。このような，資料に関するさまざまなデータを組織的に記録文書に残すことをドキュメンテーションという。博物館では従来，台帳やカードといった記録媒体に資料に関するデータは記録され，参照されやすいように整理されてきた。

　台帳やカードには，博物館に収蔵されている個々の資料が一つのデータとしてまとめられているが，一つのデータを記述するために「登録した日付」「制作者」「作品名」「素材」「サイズ」など，さらに細かいデータが必要になる。このように，本体のデータを記述するためのデータをメタデータという。メタデータは，本体のデータの属性を記述し，本体のデータを見つけやすくするために必要なものである。ただし，メタデータの種類によっては，本体のデータとメタデータの境界が曖昧になることもある。

　博物館には美術，歴史，民俗，自然科学など，さまざまな分野があり，それぞれの分野で扱う資料の種類が異なるため，資料を記述するメタデータも多様である。さらに，我が国の博物館におけるドキュメンテーションの多くは，各館，あるいは各学芸員による創意工夫の蓄積によるものである。知識基盤社会と言われる現在，情報発信や情報検索において，ドキュメンテーションの手法がバラバラでは情報を活用する効率が非常に悪い。そこで，博物館をはじめとする社会教育機関や研究機関等が蓄積した情報を単に公開するだけでなく，インターネット上で横断検索できるような取り組みが行われている。

　本章では主に，インターネットを活用した博物館の情報発信や，情報

の標準化，共通化に向けた取り組みについて，我が国における事例を中心に紹介する。

2. デジタルアーカイブ社会の構築と博物館

　我が国では2001（平成13）年1月，内閣に「高度情報通信ネットワーク社会推進戦略本部（IT戦略本部）」が設置され，情報通信技術（Information and Communication Technology：ICT）を活用したネットワーク社会の形成や，知的財産であるデジタルコンテンツの創生と活用を国家戦略として推進してきた[1]。

　博物館のデジタル化，ネットワーク化も重視されており，e-Japan戦略Ⅱやその後の重点計画等において，博物館コンテンツのデジタルアーカイブ化の推進が明記されている。

　デジタルアーカイブ化とは，IT戦略本部の定義によれば「博物館・美術館・公文書館や図書館の収蔵品や蔵書をはじめ，有形・無形の文化資源等をデジタル化して保存・蓄積・修復・公開し，ネットワーク等を通して利用を可能とする施設，もしくはシステムの総称」とされている。収蔵している資料だけでなく，その周辺にある情報も含めたデジタル化とその利用のためのネットワーク化が必要とされている。

　2008（平成20）年6月に改正された博物館法では第2条の博物館の定義において，博物館資料の中に「電磁的記録」が明記された。博物館法における「電磁的記録」とは，「電子的方式，磁気的方式その他人の知覚によっては認識することができない方式で作られた記録をいう」と定められている。つまり，以前は博物館の一次資料である実物資料を記述するための二次資料として扱われてきた情報資料が，一次資料に格上げになったことを意味する。

---

1) IT戦略本部は，2013（平成25）年にIT総合戦略本部と改められ，2021（令和3）年のデジタル庁発足に伴い廃止され，デジタル庁の「デジタル社会推進会議」へ引き継がれた。

博物館資料に関するデジタルデータの活用について，生涯学習の視点からは，「新しい時代を切り拓く生涯学習の振興方策について～知の循環型社会の構築を目指して～（平成20年2月中教審答申）」[2] において，博物館資料のデジタルアーカイブ化に対応した法令の制定や博物館の活性化が強調され，情報通信技術を活用した学習機会の提供も重要視された。

一方，学術研究の視点からは，諸外国を中心とした研究成果のオープンアクセス，オープンデータ化の流れを受け，「学術情報のオープン化の推進について（審議まとめ）（平成28年2月文部科学省科学技術・学術審議会学術分科会学術情報委員会）」[3] において，学術情報のオープン化は，論文へのアクセスを中心としたオープンアクセスにとどまらず，研究データを含む研究成果の利活用へと概念が広がり，研究の進め方の変化や新たな手法が生じつつある，としている。研究成果だけでなくその証拠となるデータも社会に公開する必要性が高まっている。

このように，博物館資料に関するデジタルデータは，生涯学習の面からは利点として，学術研究の面からは義務としてその公開と活用が求められている。

また，博物館に限らずデジタルアーカイブの重要性は世界的に高まっており，2008（平成20）年には欧州の図書館，公文書館，博物館が持つ文化遺産に関する情報を横断検索できる分野横断型のデジタルアーカイブである「Europeana」[4] が公開され，米国でも2013年に米国の図書館，

2）新しい時代を切り拓く生涯学習の振興方策について～知の循環型社会の構築を目指して～（中央教育審議会答申）　https://www.mext.go.jp/b_menu/shingi/chukyo/chukyo0/toushin/1216131_1424.html（2024年12月6日最終確認）

3）学術情報のオープン化の推進について（審議まとめ）（平成28年2月文部科学省科学技術・学術審議会学術分科会学術情報委員会）　https://www.mext.go.jp/b_menu/shingi/gijyutu/gijyutu4/036/houkoku/1368803.htm（2024年12月6日最終確認）

4）https://www.europeana.eu/en　（2024年12月6日最終確認）

公文書館，博物館や他の文化機関の所蔵データを横断検索できる「米国
デジタル図書館（Digital Public Library of America：DPLA)」[5] が公開さ
れた。我が国でも2015（平成27）年９月に内閣の知的財産戦略本部に
「デジタルアーカイブの連携に関する関係省庁等連絡会・実務者協議
会」が設置され，デジタルアーカイブの活用促進について議論が進めら
れた。検討結果をまとめた報告書である「我が国におけるデジタルアー
カイブ推進の方向性（平成29年４月デジタルアーカイブの連携に関する
関係省庁等連絡会・実務者協議会)」[6] において，デジタルアーカイブは
「未来の利用者に対して，過去及び現在の社会的・学術的・文化的資産
がどういったものかを示す，永く継承されるべき遺産であるとともに，
その国・地域の社会・学術・文化の保存・継承や外部への発信のための
基盤となるもの」とされ，アーカイブの共有と活用を意識した基盤が，
教育や研究だけでなく観光やビジネス，地方創生等におけるイノベーシ
ョンを推進するとしている。そのために，各機関がメタデータを整備し
デジタルコンテンツを拡充することに加え，それぞれが所属する分野や
地域ごとに取りまとめを行う「つなぎ役」としての機関がメタデータを
取りまとめ，国の分野横断統合ポータル（後述するジャパンサーチ[7]）
と共有し，一般ユーザーや技術者，クリエイターなどの「活用者」がメ
タデータを共有するという，保存・共有・活用のサイクルの重要性を示
している。併せて，そのための指針である「デジタルアーカイブの構
築・共有・活用ガイドライン（平成29年４月デジタルアーカイブの連携
に関する関係省庁等連絡会・実務者協議会)」[8] がまとめられ，メタデー
タの整備において「タイトル（ラベル）」「作者（人物）」「日付（時代）」
「場所」「管理番号（識別子)」の５項目を特に重要としたほか，要約や

---

5) https://dp.la/ （2023年５月９日最終確認）
6) 我が国におけるデジタルアーカイブ推進の方向性（平成29年４月デジタルアー
  カイブの連携に関する関係省庁等連絡会・実務者協議会）
  https://www.kantei.go.jp/jp/singi/titeki2/digitalarchive_kyougikai/houkokusho.
  pdf （2023年５月９日最終確認）
7) https://jpsearch.go.jp/ （2023年５月９日最終確認）

一部分の表示であるサムネイル，あるいはプレビューの作成，そしてメタデータやサムネイル，プレビューの二次利用についてはオープン化を推進することなどが示されている。

　このような背景に加え，2019（令和元）年12月に文部科学大臣により示された児童生徒の一人１台端末及び学校における高速大容量通信環境の整備である「GIGAスクール構想」[9]，2020（令和２）年より世界的大流行となった新型コロナウイルス感染症をきっかけとした博物館の利用制限に対するデジタルコンテンツの重要性の高まりもあり，2022（令和４）年４月に改正された博物館法では第３条で定める博物館の事業に「博物館資料に係る電磁的記録を作成し，公開すること」が加えられた。この条文については「博物館法の一部を改正する法律の公布について（令和４年４月15日文化庁次長通知）」[10] における留意事項として，「デジタル技術を活用した博物館資料のデジタルアーカイブ化とその管理及びインターネットを通じたデジタルアーカイブの公開，インターネットを通じた情報提供と教育や広報，交流活動の実施や展示・鑑賞体験の提供のために資料をデジタル化する取り組みを含むこと」と記載されており，これは博物館が行う事業にデジタルアーカイブの作成と公開が正式に位置づけられたことを意味する。

　デジタルデータの特徴の一つに，経年変化や複製により情報が劣化しないというものがある。博物館資料に関するデータがデジタル化されることで，資料の収集や調査研究において使われるものと全く同質のもの

---

8) デジタルアーカイブの構築・共有・活用ガイドライン（平成29年４月デジタルアーカイブの連携に関する関係省庁等連絡会・実務者協議会）
https://www.kantei.go.jp/jp/singi/titeki2/digitalarchive_kyougikai/guideline.pdf
（2023年５月９日最終確認）

9) GIGAスクール構想の実現について
https://www.mext.go.jp/a_menu/other/index_00001.htm　（2023年５月９日最終確認）

10) https://www.bunka.go.jp/seisaku/bijutsukan_hakubutsukan/shinko/kankei_horei/pdf/93697301_04.pdf（2023年５月９日最終確認）

を，収集や調査研究だけでなく，展示や学習支援事業に活用できるという大きな利点となる。さらに，デジタルアーカイブとして公開することで，先にも触れた観光やビジネスなど異分野での活用も期待される。また，このデジタルアーカイブは博物館における研究成果の証拠データそのものの集合であり，積極的に公開することはオープンデータ化への博物館の主体的対応につながり，社会における博物館の役割を周知する機会にもなる。

3. 博物館資料のメタデータの公開

　博物館法第3条には博物館の事業が定められており，第1項には先にも触れたデジタルアーカイブの作成と公開のほか，「実物，標本，模写，模型，文献，図表，写真，フィルム，レコード等の博物館資料を豊富に収集し，保管し，及び展示すること」「博物館資料に関する専門的，技術的な調査研究を行うこと」「博物館資料に関する案内書，解説書，目録，図録，年報，調査研究の報告書等を作成し，及び頒布すること」と記述されている。資料を集め，研究し，その情報をさまざまな方法で公表することが博物館が行うべき事業として明記されている。

　博物館が収集した資料については，いつ，どこで，だれが収集あるいは制作し，大きさや質量，材質など，どのような特徴を持つのか等，資料にまつわる基本的な情報を記録する。近年では技術の発達に伴い，人間の眼に見える部分での情報収集から，さまざまな分析機器を用いた研究が可能となり，取り出せる情報の質と量が格段に増えている。例えばX線を用いて，美術品において作品の修復の過程を解析したり，古生物や人類学においてCTスキャンによる化石や骨の内部構造の解析を行ったりすることなどが可能となった。CTスキャンの結果については，現在では三次元のデジタル画像（3DCG）として得られるため，コンピュ

ータ上で3DCGとして表示したり，3Dプリンタを用いてレプリカを作成したりすることも可能である。

　また，資料の成分分析や，放射性炭素を用いた資料の年代測定も可能である。さらに，生物であれば資料に影響を与えない程度のごく微量の組織からDNAを採取し，解析するなど，分子レベルでの情報を取得する機会も増えている。

　このように博物館において資料を調べた結果明らかになった情報は，博物館内にとどまらず，さまざまな学術分野における研究に活用されてきた。情報化が進む今日，情報のより効率的な利用のために，博物館情報のデジタル化，ネットワーク化が求められているのは前項までに述べたとおりである。

　表4-1には博物館におけるデジタルアーカイブ化の取り組みの例として，国立の博物館が作成し公開している主なデータベースをまとめている。

　さらに，機関を超えた情報共有の取り組みとして，文化財であれば「文化遺産オンライン」[11]，自然史博物館の標本情報であれば「サイエンスミュージアムネット」[12] など，横断検索可能なポータルサイトの構築といった取り組みも進めてきた。

（1）文化遺産オンライン

　文化庁では1996（平成8）年から，国立の博物館や美術館の収蔵品や国指定文化財をデジタル化し，情報公開を進める「文化財情報システム・美術情報システム」や，全国の博物館がインターネットで公開している文化財や美術品の情報を「共通索引システム」で横断的に検索できる仕組み作りを進めてきた。

　2003（平成15）年からは総務省と連携し，国民の貴重な財産である有

---

11) https://bunka.nii.ac.jp/ （2023年5月9日最終確認）
12) https://science-net.kahaku.go.jp/ （2023年5月9日最終確認）

表4-1　国立の博物館の収蔵品を横断検索できる主なデータベース

サイト名	概　　要	国立博物館
ColBase 国立博物館所蔵品統合検索システム[13]	国立文化財機構の4つの国立博物館と奈良文化財研究所の所蔵品を，横断的に検索できるサービス	東京国立博物館 京都国立博物館 奈良国立博物館 九州国立博物館
e国宝 国立博物館所蔵 国宝・重要文化財[14]	国立文化財機構の4つの国立博物館と奈良文化財研究所が所蔵する国宝・重要文化財の高精細画像を閲覧できるサービス	東京国立博物館 京都国立博物館 奈良国立博物館 九州国立博物館
独立行政法人国立美術館所蔵 作品総合目録検索システム[15]	独立行政法人国立美術館の5つの美術館の所蔵作品の総合目録を検索するシステム	東京国立近代美術館 京都国立近代美術館 国立西洋美術館 国立国際美術館 国立工芸館
国立美術館サーチ[16]	独立行政法人国立美術館の7館のコレクションや情報資料を横断的に検索できるサイト	東京国立近代美術館 国立工芸館 国立映画アーカイブ 京都国立近代美術館 国立西洋美術館 国立国際美術館 国立新美術館
nihuBridge[17]	人間文化研究機構及び連携機関が発信する多様な研究資源を共有・利活用するためのポータルサイト	国立歴史民俗博物館 国立民族学博物館
標本・資料統合データベース[18]	独立行政法人国立科学博物館が所有する標本・資料の所在情報等を一元的に検索できるサービス	国立科学博物館

形・無形の文化遺産の情報化をすすめ，インターネット上で公開することを目的とした「文化遺産オンライン構想」を推進し，文化遺産のデジ

13）https://colbase.nich.go.jp/　（2023年5月9日最終確認）

14）https://emuseum.nich.go.jp/　（2023年5月9日最終確認）

15）https://search.artmuseums.go.jp/　（2024年11月14日最終確認）

16）https://crosssearch.artmuseums.go.jp/　（2024年11月11日最終確認）

17）https://bridge.nihu.jp/　（2023年5月9日最終確認）

18）https://db.kahaku.go.jp/webmuseum/　（2023年5月9日最終確認）

タルアーカイブ化をすすめ，ポータルサイトの構築を行った。試験公開版が2004（平成16）年４月から稼働し，2008（平成20）年３月に正式公開している。

（2）サイエンスミュージアムネット

　サイエンスミュージアムネットは，自然史系の標本に関する情報など，全国の科学系博物館に関する情報を検索できるポータルサイトである。一般の利用者，研究者が共に利用でき，情報を横断的に検索できるシステムとして構築された。

　その中のメニューの一つである「自然史標本情報検索」は，国際的な共通フォーマットに準じた形式に変換された，各博物館等が持っている自然史標本の所在情報等を，国立科学博物館のサーバーに格納した上でサイエンスミュージアムネット上から検索できるデータベース機能で，2006（平成18）年８月から稼働している。

　この機能により国内の自然史標本を横断的に検索でき，さらに世界に向けて情報発信ができるようになる。国立科学博物館においてまとめられた自然史標本情報は，国際科学活動である地球規模生物多様性情報機構（Global Biodiversity Information Facility : GBIF）[19]の日本におけるデータ発信拠点の一つとしての役割を持ち，国内ばかりでなく，世界中の生物多様性研究にも役立てられている。

（3）ジャパンサーチ

　2020（令和２）年８月に正式公開されたジャパンサーチは，分野ごとのポータルサイトから，さらに共有の枠を広げ，日本の幅広い分野のデジタルアーカイブと連携し，多様なコンテンツをまとめて検索・閲覧・活用できるプラットフォームである。ジャパンサーチでは，文化遺産オ

---

19) https://www.gbif.org/ja/　（2023年５月９日最終確認）

ンラインは文化財分野，サイエンスミュージアムネットは自然史分野と，それぞれの資料を横断的に検索する役割を担っており，博物館が中心となって扱う分野だけでなく，図書館，公文書館，放送番組などさまざまな分野のデータベースからデータが提供されている。

表4-2には，博物館の収蔵品を検索できる国内外の主なポータルサイトをまとめている。

表4-2　博物館の収蔵品を検索できる主なポータルサイト

サイト名	概　要
ジャパンサーチ	日本の幅広い分野のデジタルアーカイブと連携し，多様なコンテンツをまとめて検索・閲覧・活用できるプラットフォーム
文化遺産オンライン	全国の博物館・美術館等から提供された作品や国宝・重要文化財など，さまざまな情報を閲覧できるもの
サイエンスミュージアムネット	全国の自然史系博物館等が所蔵する自然史標本の情報，自然史系の博物館・研究機関の研究員・学芸員の情報が検索できるもの
Cultural Japan[20]	世界中の美術館，博物館，図書館などで公開されている日本文化に関連する情報を検索できるもの
Europeana	欧州の図書館，公文書館，博物館が持つ文化遺産に関する情報を横断検索できるもの
米国デジタル公共図書館（DPLA）	米国の図書館，公文書館，博物館や他の文化機関の所蔵データを横断検索できるもの
地球規模生物多様性情報機構（GBIF）	地球上のあらゆる生物に関するデータをオープンアクセスで提供する国際科学活動

20）https://cultural.jp/ （2023年5月9日最終確認）

4. ドキュメンテーションの共通化，標準化

　前項では，個別のデータベースが他のデータベースと共有され，横断検索できる取り組みを紹介した。それぞれ異なる博物館が行ったドキュメンテーションの結果として公開される個々のデータベースは，どのように他のデータベースと共有可能となるのだろうか。ここでは，二つの流れについて紹介する。

　一つは，業界の標準，あるいは世界標準を定めるものがある。博物館におけるドキュメンテーションにおいては，英国において博物館に持ち込まれた資料が登録されるまでの流れを21段階に定めた「スペクトラム（SPECTRUM）」[21] が代表例として挙げられる。国内の各博物館が行う手続きそのものを標準化することにより，博物館活動の質の評価もしやすくなり，英国における公的な博物館認証とも連携している[22]。また，英国以外の国々にも導入されている。

　その他，国際標準化機構（International Organization for Standardization：ISO）の規格として，国際博物館会議（International Council of Museums：ICOM）の博物館ドキュメンテーション国際委員会（The International Committee for Documentation of the International Council of Museums：CIDOC）におけるドキュメンテーションに関する標準化（ISO 21127：2014）や，各国の博物館に関する基本統計の項目を標準化し，国際比較や博物館活動の評価に役立てられるようにする国際博物館統計（International Museum Statistic ISO 18461：2016）がある。

　もう一つの流れは，すでにあるデータを大きく変えることなく，最低限の共通項目を設定し，変換ソフト等により共通の形式に整えるものがある。インターネット上の文化資源のメタデータの標準化については ISO でも規格として定められているダブリンコア（Dublin Core）があ

21）https://collectionstrust.org.uk/spectrum/ （2023年5月9日最終確認）
22）松田陽，2022　イギリスのコレクション管理制度. 博物館とコレクション管理（金山喜明編）pp.70–79.

る。ここでは「ダブリンコア記述メタデータ記述要素集合（The Dublin Core Metadata Element Set: DCMES）」として，共通で記述することを推奨する15のメタデータを定義している。ダブリンコアはその後更新され，55の要素であるDCMIメタデータ語彙が推奨されているが，メタデータの記述形式のすべてではなく中心となる部分を共通化することで，既存データを活用することができ，自由度が高いものとなっている。同様に，生物多様性情報に関してはメタデータの実質的な国際標準であるダーウィンコア（Darwin Core）がある。地球上のあらゆる種類の生物に関するデータをオープンアクセスで提供する国際科学活動である地球規模生物多様性情報機構（Global Biodiversity Information Facility: GBIF）はダーウィンコアに準拠しており，GBIFに国内の自然史標本情報を提供しているサイエンスミュージアムネットもダーウィンコアに対応したデータ項目を使い，国内の各博物館向けにデータの変換ツールを提供することで，各機関が保有する既存データを活用したデータの共有を可能としている[23)24)]。ジャパンサーチでも，各機関はメタデータの形式を変更する必要はなく，共通の必須項目は他のデータと区別できるIDとタイトルのみである。これらはコンピュータの処理能力の向上，ハードディスクの大容量化，低価格化が進み，大量のデータを重複して所持したり変換したりすることがより容易になることで実現が可能となった。

5. 博物館資料の三次元デジタルデータ化と活用

　博物館資料の形状を記録する方法としては従来，模写や写真などが用いられてきた。それに加えてデジタル技術の発達に伴い，博物館資料そ

---

23) 細矢剛，神保宇嗣，中江雅典，海老原淳，水沼登志恵，2018．自然史標本データベース「サイエンス・ミュージアムネット」の現状と課題．デジタルアーカイブ学会誌，Vol.2, No.2, pp.60–63.

24) https://science-net.kahaku.go.jp/app/page/tool_download.html （2023年5月9日最終確認）

のものを三次元（3D）デジタルデータ化することが可能となり，インターネット上で公開される機会が増えている。米国のスミソニアン協会では，協会に所属する博物館が持つ 3D デジタルデータを，Smithsonian 3D Digitization という独自のウェブサイトで公開している[25]。ここでは所蔵する資料を 3D スキャンしたデータのほか，化石発掘現場を保存するために空間を記録した 3D データ等も公開されている。

　一方，3D デジタルデータ共有サイトを活用する事例もあり，英国の大英博物館では Sketchfab で[26]，米国のメトロポリタン美術館では Thingiverse で[27]，それぞれ収蔵品の 3D データ等を公開している。

　これらの公開事例では，利用規約を定めたり，クリエイティブ・コモンズライセンスを採用したりして，著作権の管理を行っている。一方で，自然史博物館が収集する標本のように対象が自然物である場合，それを単にスキャンしたデータは創作性がないファクトデータであり，著作権はないと考えられ，データを作成した機関の権利をどのように保護するかが課題となる。特に化石標本のように，限られた実物資料を世界中の研究者が研究素材として利用を希望する場合，実物は簡単に貸し出せない，あるいは発掘された国の法律上の問題から国外に持ち出せない，といった理由から，多くは実物標本ではなくレプリカを提供することになる。借用したレプリカを 3D スキャンする，あるいは借用した 3D デジタルデータを 3D プリンタから出力してレプリカを作成する，といった場合の権利関係をどう処理するかについて統一的な基準づくりが必要だろう。

　このように，博物館の標本資料の 3D デジタルデータ化については，著作権など従来の枠組みで処理できない課題も含んでいるが，収蔵庫に保存され，人々の目に触れることのなかった多くの資料を公開し，活用する新たな機会として，今後より多くの取り組みが展開されることが予

25）https://3d.si.edu/ （2023年 5 月 9 日最終確認）
26）https://sketchfab.com/britishmuseum （2023年 5 月 9 日最終確認）
27）https://www.thingiverse.com/met/about （2023年 5 月 9 日最終確認）

想される。

6. 博物館展示のドキュメンテーション

　博物館の情報にアクセスする利用者は展示室に訪れる来館者だけでなく，博物館情報を業務や研究に活用したい教育関係者や研究者，学術的なトピックを紹介したり，科学的な裏づけを必要としたりする報道関係者などさまざまである。そのため，多様な利用目的に対応する情報の窓口が必要であり，博物館のウェブサイトは単なる利用案内にとどまらず，それぞれの館が持つ情報のポータルサイトのような位置づけとなることが望ましい。

　博物館展示については実空間における情報発信の印象が強いが，展示に関する情報をデジタル化することで，実空間に加えてインターネット上での公開も併せて推進することが可能となる。これにより，博物館を利用する前後の学習や，展示室まで足を運ぶことが難しい遠隔地の人々など，多様な学びに結びつけることができる。具体的には，展示している資料を検索できるデータベースや展示解説情報のインターネット上での公開などが該当する。

　また，新型コロナウイルス感染症拡大により博物館活動にさまざまな制約が生じた2020（令和2）年以降，博物館展示に関する情報をインターネット上に発信する取り組みは飛躍的に拡大した。具体的には，展示室そのものを3D画像として撮影したものを公開し，バーチャル展示としてパソコンやスマートフォン，VRグラスやVRゴーグルを使って閲覧できるものが多い。また，メタバースと呼ばれる三次元の仮想空間に実空間のものとは異なるバーチャル展示を構築し，利用者は自分の分身であるアバターとして参加し，展示を閲覧したり，同じバーチャル展示の他の参加者とコミュニケーションを取ったりできるものもある。

7. まとめ

　本章では，博物館情報のドキュメンテーションに関し，主にデジタル化とインターネットを活用した情報発信について紹介した。

　それぞれの博物館が持つ資料は多様であり，規模や立地条件といった物理的環境も異なる。一方で，博物館資料に関する情報や，資料そのものをデジタル化し，インターネット上で公開することにより，博物館の持つ資源が社会のより多くの人から見えるようになる。

　さらに，インターネット上で複数の博物館における情報の横断検索や，博物館に限定されないさまざまな機関や個人との情報共有が進み，より幅広い情報の活用が可能となる。

　ただし，どんなにデジタル化の技術が進み，活用されるようになっても，博物館が所蔵する実物資料に取って代わるものではない。「ミュージアムとコレクションの保存活用，その多様性と社会における役割に関する勧告（2015年11月20日第38回ユネスコ総会採択）」[28] においても，「加盟各国は，国際基準に基づく収蔵品目録の作成が，その司法権が及ぶ地域内のミュージアムにとっての優先事項となるよう，適切な対策を講じるべきである。コレクションの電子化はこの点できわめて重要であるが，電子化が，コレクションの保全に取って代わるものと見なされることがあってはならない」とされている。

28）https://www.j-muse.or.jp/02program/pdf/UNESCO_RECOMMENDATION_JPN.pdf　（2023年5月9日最終確認）

5 | 博物館と著作権等

小林利明

《学習のポイント》 博物館の収蔵品その他の資料は，現物の展示に加え，デジタルアーカイブ化されることで，より多くの人が情報にアクセス可能となり，知が共有される。その際，博物館としては，著作権や肖像権等を侵害しないよう留意する必要がある。第5章では，博物館が有する情報の流通と権利処理について考えたい。

《キーワード》 知的財産権，著作権，肖像権，デジタルアーカイブ

1. はじめに

　博物館資料に係る情報の保存と体系化や，その公共化・活用促進の観点から，博物館資料のデジタル化とその公開（以下「デジタルアーカイブ化」ということがある）の重要性は従前から認識されていた。もっとも，デジタルアーカイブ化は博物館法3条1項が列挙する博物館の事業として明記されてはいなかった。

　そのような中，近時の通信環境の充実，また新型コロナウイルスの流行を契機に，博物館の利用に制限が求められた際におけるインターネットを活用した博物館活動の重要性が認識されたこと等を踏まえ，2022年に約70年ぶりに改正された博物館法（一部を除き2023年4月1日施行）では，博物館が行う事業の一つとして「博物館資料に係る電磁的記録を作成し，公開すること」が明記されるに至った（博物館法3条1項3号。なお，以下はすべて，2025年1月1日時点の法令に基づく）（博物

館法令研究会，2023，p.72）。

　博物館資料を公開するにあたっては，第三者の知的財産権を侵害しないよう注意する必要がある。デジタルアーカイブ化との関係では，とりわけ著作権との関係が問題となる。そこで本章では，博物館資料のデジタルアーカイブ化や博物館資料の館内展示等について，著作権に関する事項を中心に解説する。

　なお，本章で念頭に置いている博物館は，博物館法2条の定義に倣い，歴史博物館，美術博物館（美術館），科学博物館，水族館や植物園，動物園等も含むものである。

2. 博物館資料のデジタルアーカイブ化や館内展示等と著作権の検討手順

　自館が収蔵する博物館資料をデジタルアーカイブ化したり，館内で展示等できるかを著作権の観点から検討するに当たっては，図5-1の手順で検討することがよい。

　まず，ある資料がそもそも著作権で保護される「著作物」かどうかを検討する。著作物に当たらないならば著作権で保護される資料ではないので，著作権侵害を気にすることなくその資料を利用可能である。著作物に該当する資料については，その著作権の存続期間が満了しているかを検討する。存続期間が満了したものについては著作権の保護は及ばない。存続期間が満了していない資料については，その利用態様（写真撮影，複写，オンライン公開，館内展示等）ごとに，著作権法により権利者に無断で行うことが禁止されている利用態様に当たるかどうかを検討し，当たる場合にはさらに，著作権法が定める例外（例外的に権利者の許諾なく利用できる場合）に該当するかを検討する。例外に該当しない場合は，権利者の許諾またはそれに代わる文化庁長官の裁定を受けて利

用する必要がある。

　以下では，図5-1の流れに沿って，「著作物」とは何か，存続期間の長さ，どのような態様での使用が著作権法上問題となるか，例外的に無許諾で使用できる場合とはどのような場合か，許諾を得るべき権利者とは誰か等について，説明する。

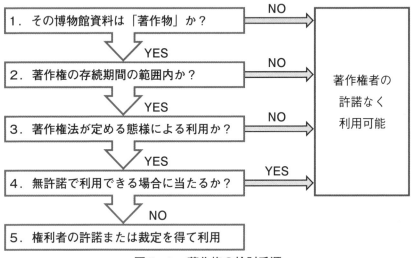

図5-1　著作権の検討手順

　なお，上記は著作権のうち，著作財産権（後述）についての検討手順である。博物館資料の公開に当たっては，著作者人格権，著作隣接権，実演家人格権のほか，肖像権やプライバシー権等も問題となる場合があり，これらについては別途検討が必要であることに注意が必要である。

3．著作権法

（1）著作権法の全体像

　図5-2のとおり，著作権法は著作物を創作した著作者に対して，その人格的利益を保護するために「著作者人格権」を認め，その経済的利益を保護するために「著作権」[1]（「著作財産権」とも呼ばれる）を認める。また著作権法は，実演家に「実演家人格権」を認め，実演家，レコード製作者，放送事業者および有線放送事業者に（狭義の）「著作隣接権」を認める。

　これらの権利は，権利登録の有無にかかわらず発生する。以下ではまず，著作権法が定める権利のうち著作財産権について説明する。

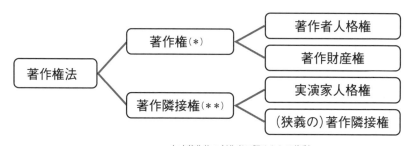

(＊)著作物の創作者に認められる権利
(＊＊)実演家、レコード製作者、放送事業者等に認められる権利

図5-2　著作権法が定める権利の全体像

（2）著作物とは何か

　著作財産権は「著作物」について発生する権利である。したがって，

---

1) 著作権という用語が指す内容は，文脈により異なる場合があるので注意が必要である。すなわち，①著作権法が定める権利全体を指すものとして用いられることもあれば，②著作隣接権と対になる概念として，著作者人格権と著作財産権を指すものとして用いられることもある。最狭義には，③著作財産権のみを指す言葉として用いられる。本章では，以下，③を指す場合に「著作財産権」という用語を用いることがある。

ある博物館資料が著作物に当たらなければ，それをどのように利用しても著作財産権を侵害することはない。では「著作物」とは何か。それは，「思想又は感情を創作的に表現したものであって，文芸，学術，美術又は音楽の範囲に属するもの」（著作権法2条1項1号。以下，特に断りのない限り，条文番号は著作権法のものを指す。）である。

人の「思想又は感情」を伴わない単なるデータや客観的・歴史的事実そのものは著作物ではない。版画を忠実に写真に撮影した場合の写真や，誰が表現しても似通ったものとなるありふれた表現は創作的な表現とは言えない。もっとも，独創性には欠けるものであっても著作者の何らかの個性が表れていれば創作性は認められる。動植物を撮影した写真も多くの場合は著作物と言えるだろう。実際上は，何らかの思想または感情が表現されたものはすべて著作物に該当すると考えておくことが無難である。なお，優れた着想や企画であっても，それがアイデアにとどまる限りは「表現したもの」ではないので著作物としては保護されない。

具体的には，表5-1のとおり，さまざまな創作物が著作物たり得る。著作権法にいう「映画の著作物」には，劇場用映画のみならず動きのある影像が広く含まれる。表5-1に挙げたもの以外にも，「編集著作物」（個々の素材が著作物であるかを問わず，編集物であってその素材の選択・配列によって創作性を有するもの）や，情報の選択又は体系的な構成によって創作性を有するデータベースも著作物として保護される。元の著作物に新たな創作性を加えて創作されたもの（翻訳や原作小説を映画化したものなど）も「二次的著作物」として，元の著作物とは別個に保護される。

一枚のポスターのように，一つの作品に複数人がそれぞれ作成したイラスト，写真，文章等が含まれるような場合は，資料全体として一つの

第5章 博物館と著作権等 | **83**

著作物であると同時に，個々の構成物たるイラスト等もそれぞれが著作物として保護される。そのため，そのようなポスターをデジタルアーカイブ化する場合は，ポスター全体についての著作財産権に加え，その構成物である個々の著作物の著作財産権も侵害しないよう留意する必要がある。なお，生成 AI が自動的に作成した文章やイラストそのものは，（人の）「思想又は感情」の表現とは言えないことも多く，そのような場合は著作物に当たらないと考えられている[2]。

表5-1　著作物の具体例

言語の著作物	講演，論文，レポート，作文，小説，脚本，詩歌，俳句など
音楽の著作物	楽曲，楽曲を伴う歌詞など
舞踊，無言劇の著作物	日本舞踊，バレエ，ダンス，舞踊，パントマイムの振り付け
美術の著作物	絵画，版画，彫刻，マンガ，書，舞台装置，茶碗，壺，刀剣等の美術工芸品
建築の著作物	芸術的な建築物
地図，図形の著作物	地図，学術的な図面，図表，設計図，立体模型，地球儀など
映画の著作物	劇場用映画，アニメ，ビデオ，ゲームソフトの映像部分などの「録画されている動く影像」
写真の著作物	肖像写真，風景写真，記録写真など
プログラムの著作物	コンピュータ・プログラム

（出典：文化庁著作権課「著作権テキスト（令和6年度版）」p.6）

（3）著作財産権の存続期間

　ある博物館資料が著作物に当たる場合でも，著作財産権の存続期間が

---

2) ただし，生成 AI の作成物と著作権の考え方については，議論の蓄積が十分とは言えないため，今後の議論を注視する必要がある。

経過していれば，権利は消滅しているから，それを利用しても著作財産権を侵害することはない。そこで，著作財産権の存続期間について理解しておく必要がある（51条以下）。

　個人が作成した著作物の著作財産権は創作時に発生し，著作者の死後70年間存続する（より厳密に言えば，「死亡年＋70」年の年末まで存続する）。これが著作財産権の存続期間についての著作権法上の原則である。例えば，2003年7月7日に創作された絵画の著作者が2024年の6月6日に死亡した場合，絵画の著作財産権は2003年7月7日に発生し2094年12月31日まで存続する。複数人が共同で創作した著作物については，その著作財産権は共同著作者のうち最後に亡くなった者の死後70年間存続する。

　著作財産権の存続期間については，上記原則に対する例外も多く，その計算は複雑であるため，期間を経過したかの判断は慎重に行う必要がある。具体的には，①無名・変名（筆名等）の著作物，②法人その他の団体名義の著作物，③映画の著作物については，存続期間は原則としてその著作物の公表後70年間だが，死後70年間となる場合（①において，死後70年が経過しているとき）や，創作後70年間となる場合（②，③において，創作後70年以内に公表されなかったとき）がある。

　また，条約上の特例が適用される場合もある。例えば，戦時加算の特例により，第2次世界大戦における連合国および連合国民の著作権については，最大で約10年5ヵ月が，著作権法により計算される期間に加算される。

　旧著作権法下の著作物（1971年1月1日よりも前に公表または創作された著作物）については，現行法とは異なるルールが適用される場合がある。例えば，旧法下では著作財産権の存続期間は著作物の種類により異なっていたため，1956年末までに発行された写真であって条約上の特

例が適用されないものの著作財産権は既に消滅していると考えられている（数藤・橋本，2019，p.29）。なお，法改正により存続期間が延長される場合でも，改正法施行の際にすでに消滅している著作財産権は復活しない。

（4）著作財産権の内容

　著作財産権は，利用態様ごとに定められている著作物の利用についての権利（「支分権」）の束とも言われる。著作権法が定める支分権の一部は図5-3に挙げたとおりであり，例えば，「複製」や「上映」という態様により無許諾で他人の著作物を利用すると，原則として著作財産権侵害となる。他方で，著作権法は「文化的所産の公正な利用に留意しつつ，著作者等の権利の保護を図り，もつて文化の発展に寄与すること」を目的としているため（1条），利用と保護のバランスの観点から，例外規定が定める一定の条件を満たす場合には無許諾で著作物を適法に利用することが認められている（このような規定を「権利制限規定」という）。

　以下では，支分権のうちデジタルアーカイブ化や館内展示・上映等との関係で問題となることが多い，複製権，公衆送信権，展示権，演奏権，上映権について見ていくこととする。

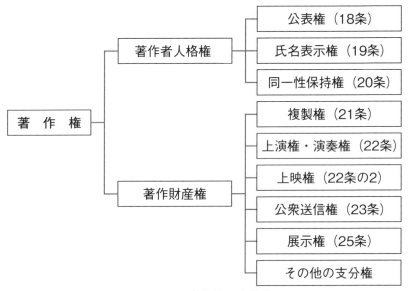

図5-3　著作権の全体像

①**複製権**

　複製権とは，印刷，写真，複写，録音，録画その他の方法により著作物を有形的に再製する権利である（21条）。コピー機を利用した著作物のコピーはもちろん，博物館資料をデジタル化するためデジタルカメラで撮影することやスキャナーで取り込みデータを作成すること，音声や映像を録音・録画すること等は，いずれも複製権の問題となる。

　著作物に該当しないものや著作財産権の存続期間が経過した著作物をデジタル化することは複製権侵害とならないが，そうでない場合は原則として許諾を得て行う必要がある。

　もっとも，以下のような権利制限規定に基づき，無許諾で著作物の複製を行える場合がある。

　まず，著作物を複製する際に他の著作物が軽微な構成部分として付随

的に写り込む場合は，正当な範囲内であれば当該他の著作物を無許諾で複製することができる（ただし著作権者の利益を不当に害してはならない。30条の２）。この場合の複製物は，後述する公衆送信，演奏，上映を含め方法を問わず利用が可能である。

　許諾を得て，あるいは後述の裁定を受けて著作物を利用することを検討する過程で行われる著作物の利用は，複製その他方法を問わず，必要な限度において無許諾で行える（ただし，著作権者の利益を不当に害してはならない。30条の３）。

　視覚障害者等のために，点字により著作物の複製等をすることも無許諾で行える（37条）。また，聴覚障害者等の福祉に関する事業を行う一定の者は，聴覚障害者等のために，著作物の字幕作成等を行うことが認められている（37条の２）。

　屋外に恒常的に設置されている美術の著作物の原作品と建築の著作物は，一定の場合[3] を除いて，複製その他方法を問わず利用することができる（46条）。

　また，後述する展示権を害することなく美術の著作物の原作品または写真の著作物の原作品を公に展示する者は，観覧者のために作品の解説・紹介を行うことを目的として，必要な限度で，解説・紹介用の小冊子（図録等）に展示作品の画像を掲載することができる。この場合，館内で利用可能な貸出用タブレット等において作品画像を閲覧できるようにすることや，展示作品の所在に関する情報を広く一般公衆に提供するために必要と認められる限度で当該作品画像を複製しインターネット上で公開すること等もできる。ただし，著作権者の利益を不当に害してはならない（47条）。

---

3) 自由利用が認められない一定の場合とは，①彫刻を増製し，またはその増製物の譲渡により公衆に提供する場合，②建築の著作物を建築により複製し，またはその複製物の譲渡により公衆に提供する場合，③屋外の場所に恒常的に設置するために複製する場合，④専ら美術の著作物の複製物の販売を目的として複製し，またはその複製物を販売する場合，である。

なお，法令の規定に基づき設置された博物館・美術館や，博物館法に
いう登録博物館や指定施設（博物館相当施設）（博物館法2条1項，同
法31条）は，その営利を目的としない事業として，所蔵資料の保存のた
めに必要がある場合等に無許諾で著作物を複製することができる（31条
1項）。保存のために必要がある場合とは，貴重な稀覯本や美術の著作
物の原本のような代替性のない貴重な資料についてその損傷・紛失を予
防するために完全なコピーをとっておく場合や，旧式の記録技術でしか
読み込めない記録媒体が使用されている場合に新しい技術に対応した記
録媒体に移し替える場合などである。

　ところで，私的使用（個人的に又は家庭内その他これに準ずる範囲内
の使用）の目的であれば無許諾で複製できるが（30条），業務上使用す
るための複製は私的使用目的に当たらないと考えられているので注意が
必要である。

②公衆送信権

　公衆送信権とは，著作物を公衆に向けて送信する権利であり（23条），
具体的には，テレビ放送・ラジオ放送，インターネット上で自館のデジ
タルアーカイブを公開する場合やSNSにコンテンツをアップすること
等がこれに当たる。なお，送信場所と受信場所が同一構内である場合
は，公衆送信権ではなく演奏権や上映権の問題として扱われる[4]。

　上述①の場合と同様，著作物に該当しないものや存続期間が経過した
著作物をデジタルアーカイブとして公開することは，公衆送信権侵害と
ならない。また，「写り込み」の場合（30条の2），検討の過程における
利用の場合（30条の3），点字データや字幕等（37条，37条の2），公開
の美術の著作物等の利用（46条），美術の著作物等の展示に伴う場合
（47条）は，無許諾で公衆送信が可能である。

　なお近時は，メタバースの普及とともに，メタバース内で博物館を構

4）ただし，プログラムの著作物については「同一構内」の例外は適用されない。

築する動きもみられる。これについても，著作権法上は原則として公衆送信権の問題として考えることになろう。

③展示権

館内展示については，展示権がしばしば問題となる。展示権とは，美術の著作物の原作品と未発行の写真の著作物の原作品を，公に（すなわち，公衆に直接見せまたは聞かせることを目的として）展示する権利である（25条）。

つまり，展示権が働くのは，美術の著作物と未発行の写真の著作物についてのみであり，原作品の複製物を展示することは展示権侵害とならない。また，原作品の所有者またはその同意を得た者による展示（例えば自館が所有する原作品の展示）は展示権侵害とならない（45条1項）。

④演奏権

演奏権とは，公に他人の著作物（音楽の著作物）を演奏・歌唱する権利である（22条）。音楽CD等を再生することも含まれる。

例外的に，非営利目的であり，聴衆・観衆から料金を徴収せず，かつ，出演者等がいる場合にその者に報酬が支払われない場合は，公表された著作物を無許諾で演奏することができる（38条1項）。ここで営利とは，「反復継続して，その著作物の利用行為自体から直接的に利益を得る場合またはその行為が間接的に利益に具体的に寄与していると認められる場合」を言う（文化庁著作権課，令和6年度著作権テキスト，2024，p.82）。また「料金」とは，名目を問わず著作物の提供・提示の対価として徴収されるものを言う。

⑤上映権

上映権とは，著作物を公に上映する権利である（22条の2）[5]。例えば，著作物をスクリーンやディスプレイに映写する場合に上映権が問題となる。映写される著作物は視覚的な著作物であれば動画も写真も含ま

---

5) 公衆送信（インターネット配信やテレビ放送）される著作物を受信して同時に公にディスプレイ等に映写する場合は，上映権とは別の支分権である「公衆伝達権」（23条2項）の問題となる。

れる。

　例外的に，上記④（演奏権）の場合と同様，非営利・無料・無報酬の場合は，公表された著作物を無許諾で上映することができる（38条1項）。

⑥その他の支分権と権利制限規定

　上述①（複製権）では著作物の全部を複製する場合を基本的に念頭において説明したが，他人の著作物を抜粋（複製）したい場合は，公正な慣行に合致するものであり，かつ，報道，批評，研究その他の引用の目的上正当な範囲内で行われる場合は，適法な「引用」として無許諾で複製可能である（32条）。適法に引用されたものは，公衆送信，上映その他の態様で利用することができる。

（5）許諾取得と裁定制度

　以上のとおり，著作財産権の存続期間内にある著作物を複製，公衆送信等する場合であって，例外的に無許諾で使用できる場合に該当しないときは，それを無断で行うと著作財産権侵害となる。そのような場合は，権利者から許諾を得て行う必要がある。ただ，権利者が誰であるかは時に容易に判断できないこともあるのが悩ましい。

　著作財産権は，創作時においては原則として著作者に帰属するが[6]，譲渡・相続の対象となる。そのため，創作後に著作財産権が譲渡されあるいは相続が生じた場合は，著作者とは別に著作財産権者が存在することになる。そして，権利譲受人または相続人等が複数いる場合において

---

6) 職務著作（法人等の発意に基づき，その法人等の業務に従事する者が職務上作成する著作物で，その法人等が自己の著作の名義のもとに公表するもの）の著作者は，その作成の時における契約・勤務規則その他に別段の定めがない限りその法人等であり（15条1項），著作財産権も著作者人格権も創作時からその法人等に帰属する。また，「映画の著作物」の著作者はその映画の全体的形成に寄与した者だが（16条），その著作財産権は，その著作者が映画製作者に対し当該映画の著作物の製作に参加することを約束しているときは，創作時から当該映画製作者に帰属するのが原則である（29条）。

著作物の利用許諾を得るためには，通常はその全員から許諾を得る必要がある。

　許諾は原則として権利者自身から得ることになるが，著作権等管理団体が許諾窓口となっており，その窓口に連絡することで所定の手続きを経て許諾が得られる場合もある。しかし，中には権利を団体が管理しておらず，権利者の生死，所在・連絡先が不明な場合もある。そのような場合は，著作権法が定める「裁定」という手続を活用することで，権利者の許諾に代わる裁定を受けて著作物等の利用が可能となる（67条以下）。裁定を得て利用するためには，事前に権利者の存否等を相当な努力を払い調査し，法所定の手続きを履践したうえ，利用料相当の補償金を供託することが必要である。具体的な手続きは文化庁が公表する「裁定の手引き」に詳しい。

（6）著作権と所有権

　所有権は有体物についての権利であり，著作権は無体物についての権利である。両者は別個の権利である。

　例えば，絵画が譲渡された場合，譲受人は絵画の所有権を得るが，それによって絵画の著作財産権も譲渡されたかは別の問題である。著作権を譲渡する明示の合意がなければ，所有権が譲渡されても，著作財産権が譲渡されたかは別途検討する必要がある。

　また，例えば，数百年前に描かれた絵画の現物を譲り受けた者であっても，世に出回っているその絵画の画像データを印刷した複製画の制作・販売を中止するよう求めることはできない。なぜなら，複製画の制作に当たっては原作品の所有権は侵害されておらず，著作財産権（複製権）はすでに消滅しているからである。

（7）著作者人格権

1）著作者人格権の内容

　上述のとおり，著作者に認められる権利は著作者人格権と著作財産権の2種類である。そして著作者人格権には，公表権，氏名表示権，同一性保持権の三つが含まれる（図5-3）。著作者人格権は，著作財産権と異なり，譲渡することはできない。

　まず，未公表の著作物を著作者の同意なく公衆[7]に提供・提示すると公表権侵害となる。ただし，未公表の著作物の著作財産権が譲渡された場合にその譲渡された権利に対応する方法で著作物を利用することや，未公表の美術または写真の原作品が譲渡された場合にその原作品を展示すること等は，それについて同意があったものと推定され，原則として公表権侵害とはならない（18条）。

　著作者は，自己の著作物の原作品に，または著作物を公衆に提供・提示する際に，著作者名を表示するかどうか（また，表示する場合はどう表示するか）を決める権利を有する。そのため，例えば，原作品の展示に当たり著作者名を表示しなかった場合には，原則として氏名表示権侵害となる。ただし，氏名の表示は，著作者の別段の意思表示がない限りその著作物についてすでに著作者が表示しているとおりに行えばよく，また，著作者の利益を害さず公正な慣行に反しない場合は省略できる（19条）。

　著作物の内容や題号（タイトル）を著作者の意に反して無断改変すると，同一性保持権侵害となる。ただし，著作物の性質および利用目的・態様に照らしやむを得ない改変の場合は，同一性保持権侵害とはならない（20条）[8]。

7）著作権法にいう「公衆」には，不特定者（少数か多数かを問わない）のみならず，特定かつ多数の者も含まれる（2条5項）点に注意が必要である。

8）同一性保持権侵害となる場合は，著作財産権の一つである翻案権（著作物を無断で翻訳その他翻案されない権利）の侵害ともなるのが通常である。著作財産権と著作者人格権は別個の権利であるので，それぞれについて権利処理を行う必要がある点には注意が必要である。

２）著作者人格権の存続期間

　著作者に認められる著作者人格権は著作者の死亡とともに消滅するが，著作者の死後であっても，著作者が存していたとすれば著作者人格権侵害となるべき行為をすることは禁止されている。ただし，その行為の性質，程度，社会的事情の変動その他によりその行為が当該著作者の意を害しないと認められるときは禁止されない（60条）。例えば，著者が公表を予定していなかったと思われる日記であっても，年月の経過により，公開しても著作者の意を害しないと言える場合もあろう。

（8）著作隣接権
１）著作隣接権の内容

　著作権法は，著作物を創作したわけではないがそれに準じる行為をする者または著作物を伝達する者に対して，著作隣接権を認めている。具体的には，実演家，レコード製作者，放送事業者および有線放送事業者に著作隣接権が認められている。実演家には実演家人格権も認められる。

　実演家人格権の内容としては，氏名表示権および同一性保持権がある。実演家に認められている（狭義の）著作隣接権としては，録音権，録画権，送信可能化権などがある。そのため，楽器奏者の演奏の録音物を無断で録音することは，実演家の権利を侵害することになる。しかし，実演家の許諾を得て「映画の著作物」に録音・録画された演奏・演技をさらに録音・録画すること等は，例外的に権利侵害とはならない（「ワン・チャンス主義」と言われる《91条２項等》）。

　レコード製作者や放送事業者，有線放送事業者には複製権や送信可能化権などが認められている。そのため，音源（音が固定されたもの）や放送番組の無断複製は原則として著作隣接権侵害となる。

2）著作隣接権の存続期間

　著作隣接権の保護の始期および存続期間は表5-2のとおりである。実演家人格権は実演家の死亡とともに消滅するが，実演家の死後であっても，実演家が生きていたとすれば著作者人格権侵害となるべき行為をすることは原則として禁止される（101条の3）。

表5-2　著作隣接権の存続期間

	保護の始期	存続期間
実　　演	その実演を行ったとき	実演後70年
レコード	その音を最初に固定（録音）したとき	発行後70年（発行されなかったときは，固定［録音］後70年）
放　　送	その放送を行ったとき	放送後50年
有線放送	その有線放送を行ったとき	有線放送後50年

4. デジタルアーカイブ化と肖像権・パブリシティ権・プライバシー権

（1）肖像権・パブリシティ権

　デジタルアーカイブ化において，著作権とは別にしばしば問題となるのが肖像権である。肖像権とは判例[9] によって認められた権利であり，人は，みだりに自己の容貌等を撮影されず，また，撮影された写真等をみだりに公表されない人格的利益を有する。もっとも，いかなる肖像利用も違法となるわけではなく，被撮影者の社会的地位，撮影された被撮影者の活動内容，撮影場所，撮影目的，撮影態様，撮影の必要性等を総合的に考慮して，被撮影者の人格的利益の侵害が社会生活上受忍限度を超える場合に，撮影・公表は肖像権侵害として違法となると考えられて

---

9) 最高裁平成24年2月2日判決

いる。

　例えば，ある時代の特定の地域の様子を示す資料として，地元で開催された祭事の様子を撮影した写真があり，そこに複数の人物が写り込んでいるが，その写真を撮影しデジタルアーカイブに収録して公開することについて被撮影者から同意が得られているか不明だという場合，肖像権侵害となるだろうか。撮影・公開について被写体の同意があれば問題はないが，同意がない場合でも，その写真から被写体となった人物を特定できない場合は肖像権を侵害しないと考えてよいだろう。では，被写体を特定できる場合はどうか。上記判例の基準は適法性判断の要素を挙げるのみであり，そこから直ちに具体的な結論を導けるものではない。そこで，上記判断要素に照らしてケースバイケースで公開の可否を判断するほかない。この点に関しては，上記判例の示した基準をさらに細分化して各考慮要素を点数化し，一定の点数を超える場合は公開に適していると判断する提案もなされている（デジタルアーカイブ学会，2021）。

　肖像権はその者の死亡により消滅するが，死者の肖像が撮影された写真の利用態様次第では，遺族の故人に対する敬愛追慕の情を侵害するものであって違法と判断される場合もあるので注意が必要である。

　肖像権と似た概念として，パブリシティ権がある。パブリシティ権は，人格権に由来し，氏名・肖像等が有する顧客吸引力（商品の販売等を促進する力）を排他的に利用する権利をいい，判例[10]により認められた権利である。パブリシティ権侵害となるのは，肖像等を商品化して利用するあるいは広告として利用するなど，専ら他人の肖像等の有する顧客吸引力の利用を目的とする場合である。

　肖像権もパブリシティ権も人格権に由来するものであるので，モノや動物には認められない。よって，例えば，建築物や人気を博した動物の写真について，それを撮影した写真家に著作権が認められることはあっ

10）最高裁平成24年2月2日判決

ても，被写体である建築物や動物にパブリシティ権は認められない。

（2）プライバシー権

　プライバシー権の内容に関する理解をめぐっては議論があるものの，他人にみだりに知られたくない情報を公表・開示されない権利などと説明される。プライバシー権を定める法律はなく，判例によって認められている権利である。プライバシー権侵害が成立するのは，プライバシーにあたる事実を公表されない利益と，これを公表する理由とを比較し，前者が上回る場合である。ある裁判例[12]は，①私生活上の事実または私生活上の事実らしく受け取られるおそれがあること，②一般人の感受性を基準にして当該私人の立場に立った場合公開を欲しないだろうと認められること，③一般の人々にまだ知られていないこと，の３条件を満たす情報を公開し，当該私人が実際に不快，不安の念を覚えた場合には，プライバシー権侵害が成立する，と示している。

　例えば，被撮影者が対外的には秘密にしていたある人物との親交や政治活動中の様子が撮影されている写真や，自宅の連絡先と氏名その他の個人情報が読み取れてしまうような情報が写り込んでいる資料がデジタルアーカイブに収録され公開されたような場合は，プライバシー権侵害となる可能性がある。

12）東京地裁昭和39年９月28日判決

5. まとめ

館内展示であろうとデジタルアーカイブであろうと，著作権，著作隣接権や肖像権等への配慮は欠かせない。また，紙幅の関係上触れることはできないが，博物館等における日常業務においても，クリエイティブコモンズライセンスやフリー素材の活用は考えられる。必要十分な著作権への配慮が必要である。デジタルアーカイブの重要性が改めて認識される中で，個人の権利にも配慮したうえでいかに文化的所産を共有していくかは，引き続き重要な課題である。

参考文献

数藤雅彦・橋本阿友子「保護期間満了（パブリックドメイン）の判断基準」福井健策監修『デジタルアーカイブ・ベーシックス1　権利処理と法の実務』（勉誠出版，2019年，p.17以下）

デジタルアーカイブ学会「肖像権ガイドライン～自主的な公開判断の指針～」（https://digitalarchivejapan.org/wp-content/uploads/2023/04/Shozokenguideline-20230424.pdf，2023年）（2025年1月1日最終確認）

博物館法令研究会編著「改正博物館法詳説・Q&A—地域に開かれたミュージアムをめざして」（水曜社，2023年）

文化庁著作権課「令和6年度著作権テキスト」（文化庁HP）

文化庁著作権課「裁定の手引き（令和5年9月）」（文化庁HP）

6 | 博物館におけるユニバーサルデザイン

近藤智嗣

《学習のポイント》 ユニバーサルデザインとは，できるだけ多くの人が利用可能なデザインのことである。博物館においても，ハンズオン展示や解説機器等，さまざまなユニバーサルデザインがある。ここでは特にメディアや情報技術による博物館のユニバーサルデザインを取り上げる。

《キーワード》 ユニバーサルミュージアム，ユニバーサルデザイン，アクセシビリティ，ハンズオン展示

1. ユニバーサルデザインとは

（1）ユニバーサルデザイン

ユニバーサルデザイン（universal design）とは，ノースカロライナ州立大学ユニバーサルデザインセンターのロナルド・メイス（Ronald L. Mace：1941-1998）が提唱した概念で，「できるだけ多くの人が利用可能なデザイン」のことである。

似た用語としてバリアフリーがあるが，バリアフリーは障害者や高齢者等への配慮であるのに対して，ユニバーサルデザインは障害者や高齢者だけでなく，さらに多くの人々も対象にしている点が異なる。

ユニバーサルデザインの例として，図6-1はシャンプーとコンディショナーの写真だが，左がシャンプー，右がコンディショナーである。同じ製品シリーズのシャンプーとコンディショナーは，容器の形状が同じ場合が多い。この写真の場合もそうだが，シャンプー容器の側面にギ

ザギザ状のきざみがある。容器のキャップにもギザギザがついている場合もある。これは目の不自由な方のためだけでなく，目をつぶって髪を洗っているときは，触れれば区別がつくことになる。また，右利きの人が使いやすいように設計されている物は，左利きの人には使いにくいということもある。最初からどちらの人にも使いやすいように設計された製品もある。このようなデザインがユニバーサルデザインの基本的な考え方である。

図6-1　ユニバーサルデザインの例

ロナルド・メイスらは，以下のユニバーサルデザインの7つの原則を示している（和訳は筆者の解釈）。
　①　誰もが公平に使えること（Equitable Use）
　②　使いやすいほうを選択できる自由度（Flexibility in Use）
　③　シンプルで直感的（Simple and Intuitive）
　④　必要な情報を効果的に伝える（Perceptible Information）
　⑤　万一のときへの対策（Tolerance for Error）
　⑥　体への負担の軽減（Low Physical Effort）
　⑦　十分な大きさとスペースの確保（Size and Space for Approach

and Use）

（2）関連する用語

　ユニバーサルデザインの概念の中には，ユーザビリティ（usability）
とアクセシビリティ（accesibility）という要素も含まれている。

　ユーザビリティは「使い勝手」や「使いやすさ」という意味である。
ユニバーサルデザインの7つの原則では，③シンプルで直感的，④必要
な情報を効果的に伝える，⑦十分な大きさとスペースの確保がユーザビ
リティに関係している。ユーザビリティの評価は，ユーザビリティテス
ティングとして，ユーザーが実際の条件で使用し，使用時の行動分析等
によって行われる場合が多い。この結果からインタフェースやデザイン
の改善が行われる。博物館では，展示解説機器の操作等でユーザビリテ
ィが良くなるように心がけなければならないということである。

　アクセシビリティは「アクセスできる」という意味で，目的地まで到
達できるようになっているかということである。館内の案内情報，音声
ガイド，スタッフ等が重要になる。また，Web アクセシビリティとい
う用語も現在では広く使われている。例えば，Web 画面の文字が見え
にくいと感じる人が，文字サイズを拡大したり，配色を変えたりできる
ようになっているか，目が不自由な人が音声ブラウザを使うときに情報
が正しく伝わるように画像には代替テキストが付けられているか等であ
る。2004（平成16）年には，Web 制作者が配慮すべき事項として日本
工業規格（JIS）の JIS X 8341-3：2004「高齢者・障害者等配慮設計指
針―情報通信における機器，ソフトウェアおよびサービス―第3部：ウ
ェブコンテンツ」が制定され，現在は JIS X 8341-3：2016 になってい
る。Web アクセシビリティが確保できているかをチェックする Web ア
クセシビリティ評価ツールとして総務省の miChecker 等がある。

また，同様な表現として，ICOM（国際博物館会議）が2022（平成14）年に採択した新しい博物館定義では"accessible and inclusive"（アクセシブルとインクルーシブ：誰もが利用でき，包摂的）が使われている。

（3）アクセシビリティに関連する法律

すべての国民が，障害の有無によって分け隔てられることなく，相互に人格と個性を尊重し合いながら共生する社会の実現に向け，障害を理由とする差別の解消を推進することを目的として，2013（平成25）年6月，「障害を理由とする差別の解消の推進に関する法律」（いわゆる「障害者差別解消法」）が制定され，2016（平成28）年4月1日から施行された。これらにより博物館の対応として，視覚障害者用音声ガイドや聴覚障害者用字幕等がよりいっそう充実されることになる。

2. 西都原考古博物館の取り組み

（1）概要

宮崎県立西都原（さいとばる）考古博物館は，2004（平成16）年4月に開館した博物館で，西都原古墳群の中にある（図6-2）。JR宮崎駅の近くからは，本数は少ないが直通のバスもあり，所要時間は約70分である。構想3年，開館準備に5年を経て開館している。博物館情報・メディア論に関係する特徴としては，1）常設展示ではなく「常新展示」という博物館展示の概念を提案し常に新しい情報が展示されている，2）ユニバーサルデザインを全面的に取り入れ，独自の提案がされている等が挙げられる。本節では，ユニバーサルデザインの取り組みについて紹介する。

図6-2　西都原考古博物館

(2) 床誘導ライン

　視覚障害者誘導用ブロックには，突起が線になっていて移動の方向を示す線状ブロックと，格子状になっていて注意喚起する点状ブロックの2種類がある。視覚障害者は靴底や白杖で確認しながら，この情報を得ている。西都原考古博物館では，図6-3のように博物館の受付までは通常の大きさの視覚障害者誘導用ブロックになっていて，受付で説明を受けた後は，図6-4のように幅の狭いブロックになって館内を誘導している。

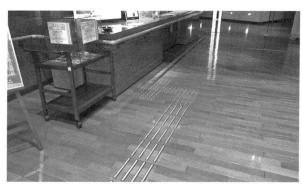

図6-3　受付までの視覚障害者誘導用ブロック

図6-4　受付以降の視覚障害者誘導用ブロック

（3）手摺と触察ピクト

　図6-5の左下にあるような手摺を伝っていくと留め具があり，そこには触察ピクトという立体絵文字がある（図6-6）。触察ピクトの意味は，下段右から2番目の胸像のような立体絵文字が現在地で，手の形の立体絵文字は触れることができる展示資料を表している。図6-5では，籠の上にある資料を触ることができる。落としてしまったとしても籠で受けられるようになっている。また，図6-6下段右の耳の形の立体絵文字は音声ガイドである。耳の形を押すと音声ガイドが流れる。そして，上段左から2番目が曲がり角，その右が直進，下段左端が展示室出入口というようにこの先の誘導が表示されている。図6-7は触察ピクトの一覧であり，受付の横に設定されている。展示室を観覧する前に触察ピクトのそれぞれの意味を理解しておけば，視覚障害者が一人でも展示を体験できるという宮崎県立西都原考古博物館独自の工夫である。この立体絵文字は点字に代わるものではなく，併用するものとされている。また，他の博物館等に普及するためには汎用的なシンボルに変更したほうがよい立体絵文字もあるが，標準化されることで解決できると考

えられる。

図6-5　展示室内の手摺と触察ピクト

図6-6　触察ピクト

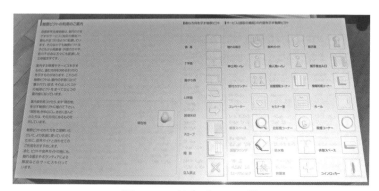

図6-7　触察ピクト一覧

(4) 触察マップ

図6-8はトイレ前の壁に設置された触察マップである。触察ピクトと同じように現在地があり，トイレ内の設備が触れて分かるようになっている。

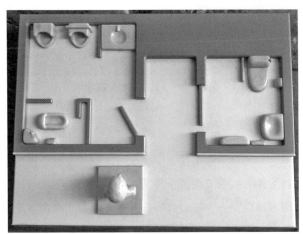

図6-8　触察マップ

(5) ハンズオン展示

図6-9は，土器や古墳の模型等に触ることができるハンズオン展示である。実際の古墳は巨大なため近くに行っても全体像をつかむことは難しいが，展示室に置かれたミニチュア模型に触れることで，視覚障害の方も全体像をつかめるようにしている。

図6-9　ハンズオン展示

(6) 音声ガイド

　音声ガイドとしては，専用端末，スマートフォン等を使用する場合が多く，いずれも片方の手で機器を持ち，もう片方の手で操作しなければならない。端末は首からかけられることもあるがイヤホンを付けなければならない。

　宮崎県立西都原考古博物館の場合は，図6-10のガイドジャケットを装着するようになっている。ジャケットの両肩に内蔵されたスピーカーから音声が聞こえるためイヤホンは必要ない。耳を塞がないため，館内の案内や環境音も聞こえ，同行者との会話にも影響しないように配慮されている。

　ガイドの音声は，任意の場所に来たら赤外線に反応して自動再生される。図6-11は赤外線信号発光ユニットで，天井や展示資料の近くに設置されている。視覚障害者にとって最も良い状態になるように赤外線は手摺に向かって照射されている。

　ジャケットには，ガイドの音声データが入ったコンパクトフラッシュメモリーカードが入っている。メンテナンスや更新時は，このコンパク

第6章 博物館におけるユニバーサルデザイン | 107

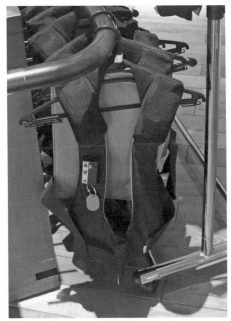

図6-10 ガイドジャケット

図6-11 音声ガイド用赤外線信号発光ユニット

トフラッシュのデータを差し替えるだけでよくなっている。音声データは，多言語になっていて外国人来館者にも対応している。

（7）西都原考古博ナビ

　スマートフォンやタブレット端末を使用した展示室案内マップと解説のアプリも用意されている（図6-12）。日本語，英語，中国語，韓国語に対応している。iOSとAndroid版があり無料で館内の無線LAN経由でダウンロードできる。貸出用のタブレットも用意されている。現在地の検出は，音声ガイドは赤外線だったが，西都原考古博ナビは，iBeaconが採用され，館内の約100カ所に送信機が設置され位置検出に利用している（図6-13）。iBeaconとは，屋外でカーナビ等に使用されているGPSのように，屋内で位置情報を読み取れる仕組みである。スマートフォン等の端末は，Bluetoothをオンにしておかなければならないが，Bluetooth Low Energy（BLE）という低電力の技術を使っているため端末の電力消費を抑えることができるというものである。

図6-12　西都原考古博ナビ

第6章　博物館におけるユニバーサルデザイン　　109

図6-13　iBeacon の送信機

　このシステムで計測された位置情報から館内マップ画面に現在地が表示される。また，展示資料の前の QR コードを読み取って，解説を見ることもできる。

3. 南山大学人類学博物館の取り組み

(1) 概要

　南山大学人類学博物館は，南山大学名古屋キャンパスの中にあり，JR名古屋駅からは地下鉄で20分くらいの場所にある。歴史は古く，1949(昭和24)年に南山大学附属人類学民族学研究所に陳列室が設置されたのが始まりで，1979(昭和54)年に南山大学人類学博物館となり，2013(平成25)年10月の全面的なリニューアルで現在に至っている。博物館の理念は，すべての人の好奇心のために (For Everyone's Curiosities) で，「ユニバーサル・ミュージアム」を目指した博物館である。博物館の特徴は，ほぼすべての資料を手にとって触ることができることである。図6-14の写真のように壁に取り付けられた資料も取り外して触ることができる。また，図6-15のように，館内は台の高さ等が車椅子に対応し

図6-14　南山大学人類学博物館

図6-15　車椅子に対応した台

て設計され，台の上の資料を触りながら観察できるようになっている。

(2) 資料に触れてもらうために

　ほぼすべての資料に触ってもらうことができる博物館であるが，むやみに触ると資料は破損してしまう。そこで資料の触り方の説明もしてい

るのが南山大学人類学博物館の特徴と言えよう。初めての来館者には受付で図6-16の資料を渡し、腕時計や指輪等は外すこと、資料を持ち上げるとき、必ず両手を使って優しく支えるようにすること等を説明している。また、Webサイトには「資料をさわるコツ」も掲載されている。一部の展示資料前には図6-17のようにポップによる持ち方の説明がある。これらのような持ち方の説明をしたうえで、図6-18のように土器を持ち上げて底を見るような観察のポイントを示すことが可能になって

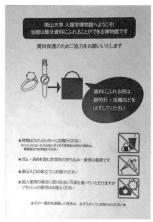

図6-16　入館時の注意書き

図6-17　展示資料の触り方説明ポップ

図6-18　観察のポイント（土器を持ち上げて底を見る）

いる。なお，この触れる展示を行ってから破損事故はほとんどないとのことである。

(3) 点字タグ
各展示には，図6-19のような点字タグが取り付けられている。点字の情報は，文字の説明と同じ情報量になっており，視覚障害者は実物資料を触りながら，解説を読むことも可能になっている。

図6-19 点字タグ

4．その他のハンズオン展示

(1) 触覚で形を感じる始祖鳥標本のレプリカ（国立科学博物館）
図6-20は，国立科学博物館地球館にある始祖鳥のサーモポリス標本のレプリカである。この展示の解説には「触ってみよう！羽毛の化石は繊細なので，ふつうは触ることはできません。指の触感で形を感じてく

図6-20　触覚で形を感じる始祖鳥標本のレプリカ

ださい。」と書かれており，目の不自由な方のためだけでなく，誰もが指先で感じることに重点を置いた展示となっている。

（2）音声対応ベルリン触地図

　図6-21は，ベルリンの環境・都市開発局のインフォメーションセンターに展示されている音声対応ベルリン触地図（Talking tactile model Berlin）である。これは触ることができる立体地図で，さらに，RFIDスキャナーとスマートフォンを使用することで約140のポイントの解説音声と文字情報を提示することができる。視覚障害者，聴覚障害者，旅行者（英語版）にも対応しているものである。この展示は，国際ユニヴァーサルデザイン協議会（IAUD）アウォード2015公共空間部門金賞を受賞している。

図6-21　音声対応ベルリン触地図

5. ユニバーサル・ミュージアム展

　2021（令和3）年9月2日から11月30日に国立民族学博物館で「ユニバーサル・ミュージアム―さわる！"触"の大博覧会」という特別展が開催された。新型コロナウイルス感染症（COVID-19）第5波の頃で，感染防止対策として非接触社会となっている中での開催であった。「だれもが楽しめる博物館」，「触の可能性を探る」，「さわるとわかる　わかるとかわる！」を特徴とした触って楽しむアート作品を体験できる展示であった。この特別展の実行委員長は国立民族学博物館の広瀬浩二郎教授である。この特別展は巡回展として2023（令和5）年4月1日から5月7日にOHK岡山放送オフィス内でも開催されている。「なぜさわるのか，どうさわるのか」「見ないでさわる」「見てさわる」がテーマであった。図6-22は岡山での巡回展の入口である。コロナ禍の非接触社会での開催ということもあり，視覚情報に頼るだけでなく，触覚やその他の感覚も活用した情報伝達や展示は，博物館情報・メディア論としても重要なテーマであることを改めて認識できた。以下のURLからバーチ

第 6 章　博物館におけるユニバーサルデザイン　| **115**

ャルミュージアムとして Web 上で体験したり，YouTube の動画で解説を視聴することができる。筆者が体験した感想としては，視覚以外の感覚も意識して研ぎ澄ますことによって人間の能力を引き出せる可能性を秘めていると感じる展示であった。

　《https://www.minpaku.ac.jp/panorama/universaldata/universal.html》
　《https://www.youtube.com/watch?v=j9FGGU0Sh2U》

図 6-22　ユニバーサル・ミュージアム（OHK 岡山放送）

6. まとめ

　本章では，ユニバーサルデザインの理念，バリアフリーとの違い，7つの原則，ユーザビリティとアクセシビリティについて説明し，博物館における事例として，宮崎県立西都原考古博物館と南山大学人類学博物館を取り上げた。その他の例として，国立科学博物館の始祖鳥標本のレプリカ，音声対応ベルリン触地図を紹介した。ここに挙げた事例は，博物館におけるユニバーサルデザインのほんの一部にすぎないが，さらにバリアフリー化が進み，それに合わせてユニバーサルデザインも普及していくと思われる。また，ユニバーサルミュージアムとして視覚情報に頼るだけでなく，触覚やその他の感覚も活用した情報伝達や展示は，博物館情報・メディア論としても重要なテーマである。

参考文献

音声対応ベルリン触地図 http://www.stadtentwicklung.berlin.de/planen/stadtmodelle/en/tastmodell_2000.shtml，（2023年 2 月27日最終確認）

西都原考古博物館：ユニバーサルデザイン https://saito-muse.pref.miyazaki.jp/web/universal.html，（2023年 2 月27日最終確認）

障害者差別解消法 http://www8.cao.go.jp/shougai/suishin/sabekai.html，（2023年 2 月27日最終確認）

南山大学人類学博物館：資料をさわってみよう http://rci.nanzan-u.ac.jp/museum/exhibition/sawaru.html，（2023年 2 月27日最終確認）

広瀬浩二郎編著『ひとが優しい博物館：ユニバーサル・ミュージアムの新展開』（青弓社，2016年）

広瀬浩二郎著『世界はさわらないとわからない：「ユニバーサル・ミュージアム」とは何か』（平凡社，2022年）

広瀬洋子・関根千佳『情報社会のユニバーサルデザイン』（放送大学教材）（放送大学教育振興会，2014年）

ユニバーサルデザインの 7 つの原則，https://universaldesign.ie/What-is-Universal-Design/The-7-Principles/，（2023年 2 月27日最終確認）

miChecker http://www.soumu.go.jp/main_sosiki/joho_tsusin/b_free/michecker.html，（2023年 2 月27日最終確認）

ICOM 日本委員会，新しい博物館定義：https://icomjapan.org/journal/2023/01/16/p-3188/（2023年 6 月30日最終確認）

7 博物館教育の多様な機会と 情報・メディア

大髙　幸

《学習のポイント》　博物館の多様な利用者は，博物館内外でさまざまな学際的な学習・研究活動を展開している。これらの機会を想定し，貢献するため，博物館が提供する情報と各種メディアおよびその活用の具体例を参照しながら，博物館の取り組みや課題を検討する。

《キーワード》　博物館教育，e-ラーニング，メディアとしての博物館，参加型調査，ワークショップ，VR，学際的学習・研究，検索，データベース，ポータルサイト，情報に関わる格差，情報リテラシー

1．人々の博物館利用とメディアとしての博物館

（1）博物館教育のエッセンス

　研究・教育機関の一つである博物館は，その利用者が自らの関心に基づき，学びたい事柄や方法を主体的に選択・統合して，自分自身の教育（自己教育）や，子や孫といった他者の教育，あるいは友人等との相互教育を行うのに役立つ，資料（モノやイメージ）や関連情報を享受する機会を有機的に提供している。このように，博物館が提供する教育（博物館教育）の機会は，その利用者の関心に基づく主体的な学習（主体学習）によって展開され，実物資料（一次資料）の鑑賞がその中心をなす（大髙，2022a，pp.11-28）。

　博物館教育のもう一つの特徴は，博物館利用者が意図的に何かを学習するだけでなく，本人が意図せずとも，いつの間にか何かを学んでいる

第7章　博物館教育の多様な機会と情報・メディア　│　**119**

可能性が高いということである。こうした学習を非意図的偶発的学習という。例えば，利用者が余暇や観光の一環として，インターネット上で博物館の情報を検索したり，来館したりした場合，本人は，自己教育の機会とは思わずに，いつの間にかさまざまなことを学んでいる。また，複数の人が関わる教育においては，気づかないうちに互いに影響し合い，相互教育が展開される。例えば，親子や教師と生徒では，親や教師による他者教育だけでなく，子や生徒も親や教師に影響を与えている。このように，教育は一方的ではなく，当事者相互に作用しあう。博物館教育では，教育をこのように広く捉えている。

　博物館の活用法は，人によって多様であるだけでなく，個人においても，乳幼児，小学生，中・高生，大学生，成人，高齢者にいたる人生のライフステージで取り組むべき課題や関心によって異なる。例えば，未就学児や小学生の親や祖父母は，子や孫との手軽で安全な余暇・学びの場を探し求め，その一環として，博物館の家族プログラムに参加することがある。こうしたプログラムでのアンケートに記される大人の感想には，子や孫と楽しい時を過ごすことができて良かったという意見だけでなく，多忙な日々を忘れて自己を解放する機会を得ることができて良かったという意見も，繰り返し見受けられる（Otaka, 2016）。人口減少に関連して子育て支援が社会の重要課題である日本において，ストレスの多い育児期の親世代を対象とした，身近で手軽な自己探究・他者との学び合いの機会を，博物館は一層拡充していくことが期待される。

　また，インターネットやデジタルメディアの活用により，博物館外から参加可能な双方向性の学習（e-ラーニング）プログラムを提供する博物館や，その一環として，大学等との連携によるカリキュラムに基づき，館内やインターネット上でシリーズ化したプログラムを提供する博物館も増えてきた。例えば，米国のアメリカ自然史博物館やニューヨー

ク近代美術館（ともにニューヨーク市）は，高等教育の大規模公開オンライン講座（Massive Open Online Course：MOOC）を配信する企業の一つであるコーセラ（Coursera；米国で2012年設立）のウェブサイトを通して，講座を有償で提供してきた。

　国際博物館会議（ICOM）は，2022（令和4）年8月に次のような博物館の新定義を採択した。

　　博物館は，有形及び無形の遺産を研究，収集，保存，解釈，展示する，社会のための非営利の常設機関である。博物館は一般に公開され，誰もが利用でき，包摂的であって，多様性と持続可能性を育む。倫理的かつ専門性をもってコミュニケーションを図り，コミュニティの参加とともに博物館は活動し，教育，愉しみ，省察と知識共有のための様々な経験を提供する（日本 ICOM 委員会訳，2023年1月，下線は新定義で追加された文言）[1]。

　このように，博物館教育が目指すのは，さまざまな経験を提供することにより，個人の成長だけでなく，利用者と協働して社会に貢献することである。したがって，博物館教育の可能性は，対象集団，学習様式，時間と場所，メディアのいずれにおいても広がってきていると言えよう。

（2）メディアとしての博物館

　博物館は，利用者とのコミュニケーションの媒体（メディア）であると言われる。この点で，博物館は多数の人々に情報を提供するマス・メディアと似ている。博物館は，展示を通して利用者にメッセージを伝えることから，展示もまたメディアと言える。このコミュニケーションに

1）https://icomjapan.org/journal/2023/01/16/p-3188/（2024年9月16日最終確認）

おいて，博物館のメッセージは，展示資料そのものと等しい訳ではない。メッセージは，資料の研究成果を基に博物館が「倫理的かつ専門性をもって（前述の ICOM 新定義に追加された文言）」提示する，資料に関する人文科学上・自然科学上の「解釈」であり，「解釈」の提示は，前述の ICOM の博物館の新定義で新たに明記された博物館の役割である。つまり，博物館が資料や展示に関する情報を発信するとき，それは，研究成果による知見を表す。したがって，資料に関わる研究は，博物館教育，ひいては博物館利用者の博物館に対する信頼の基盤である。

　また，博物館は，研究成果を蓄積し絶えず新たな知見を創造する社会的媒体（メディア）である。この過程では，博物館利用者も学習の一環として資料や関連情報を博物館に提供し研究に参画している。例えば，利用者が資料に関する情報を提供する参加型調査には，地域の風俗や習慣に関する歴史・民俗学系や，植物や昆虫の生態等に関する自然科学系のものがある。

　三重県総合博物館（津市）の子ども向け「お雑煮プロジェクト」は，歴史・民俗学系参加型調査の一例である。2014（平成26）年の開館に先立つ2011（平成23）年度に，県内小学3・4年生を中心に募集した子どもたちから送付されたお雑煮調査カード（記入式・お雑煮の写真添付）により，お雑煮の汁（すまし・みそ等）や餅（丸餅・角餅等）の三重県内の分布状況を調査した。3,500枚近く提出された調査カードの整理や，県内の地域性を表した「お雑煮マップの作成」も，作業に応募した小・中学生とともに実施された。このプロジェクトの成果は，子どもたちが中心となって，三重県の食文化を代表する「お雑煮」についての調査が実現したことである（岸田，2012）。また，自然科学系参加型調査には，1970年代から行われてきた大規模なタンポポの生育環境・分布調査がある。その一環として，三重県総合博物館は，「タンポポ調査・西

日本2015」（19府県で実施）や，「タンポポ調査・西日本2020」（17府県で実施）に参加した。

　参加型調査では，正確なデータの収集が要となる。三重県総合博物館における上記の調査では，お雑煮の写真やタンポポの実物を送付してもらい，データの精度を高めた。布谷知夫館長（2015-16年調査当時）は，「参加型調査は博物館と利用者が共同して行う教育学習事業であり，また調査研究，資料収集にも直結する事業と位置づけることができる」と指摘する（2016, p.79）。このように，参加型調査は，博物館と利用者が相互に作用し合うメディアとしての博物館における，研究・教育機会の例である。

　海外には，ニューヨーク近代美術館等，教育機会の提供に関わる各種内部文書や書簡，写真等の実物資料を，附属アーカイブズで閲覧可能にしている博物館もある。これらの資料は，博物館教育史等の新な研究成果の源泉となる一次資料の一端を形成する。メディアとしての博物館が蓄積・公開すべき教育資源としての情報は，博物館の機能や運営全般に及ぶ。

（3）メディアとしての展示

　展示あるいは展覧会の鑑賞は，博物館利用者が博物館を訪問する主な目的であり，博物館教育の重要な要素である。そこで，メディアとしての展示が持つ意味を考えてみよう。例えば，海外の博物館は，日本美術をどう捉え，来館者にどう伝えようとしているだろう。ロンドンのヴィクトリア・アンド・アルバート博物館（V&A, 1852年設立）の日本美術展示室（東芝ギャラリー，1986年公開）は，2015年の改装後，「日本美術の本質は一体どこに存在するだろうか」という問いを探究すべく，6世紀から今日にいたる美術・工芸作品等を時代別・テーマ別に展示し

ている。この展示の特徴は，美術作家の作品以外のモノ（写真，服飾，ストリート・スタイル，家具，プロダクト・デザイン等）にも視野を広げていることである。例えば，近現代の一角の「かわいいもの礼賛；Cult of the Cute / *kawaii*」のテーマ展示にはロリータ・ファッションのコスチュームやハローキティ柄の炊飯器も展示された（図7-1）。この炊飯器は，あっという間に人気を博し，来館者はこぞって写真に収めたという（Faulkner, 2017）。なお，2024年9月時点では，同コーナーにハローキティ柄の電気ケトルとトースターが展示されている。

図7-1　ハローキティ柄の炊飯器（ⒸVictoria and Albert Museum）

このように，V&Aの日本美術展示室は，日本国内の博物館（美術館を含む）の日本美術の展示とは異なった枠組で「日本美術」の概念の解釈を提示し，情報を発信していると言えよう。V&Aが日本美術の本質の存在を認めたさまざまなモノを介して，日本の生活文化の多様性を生き生きと伝える，興味深い展示である。

（4）メディアとしての資料およびワークショップ

　前述の ICOM の新定義で新たに明記された，「誰もが利用でき，包摂的である」ために，博物館は，万人が資料の真髄に触れる機会を提供する必要がある。最も基本的な手法は，解説パネル等での言語による説明で，多言語化，子ども向け等，さまざまな工夫がされるようになった。

　また，例えば，視覚に障害のある利用者向けに，資料に触れて鑑賞（触察）する機会を提供するワークショップも実施されるようになってきた。2023（令和5）年5月に横須賀美術館で筆者が実施した『絵からひろがる初夏の香り』では，所蔵絵画作品（図7-2では谷内六郎《1921-1981》作＜葉のレントゲン＞《1977》）を，視覚に障害のある人もない人（晴眼者）も一緒に展示室で鑑賞して話し合った後，各人が作品から想像を広げて香りの粒等を調合した匂い袋を作り，持ち帰った[2]。展示室での鑑賞では，レプリカ，触図（平面図中の事物の輪郭線を発泡インク等で膨らませたものに，布や紙等質感の異なる素材を貼付したりして，それらを指でなぞって構図等を把握できるようにした図），香りの教材等の他のメディアも用いた。また，開始直前に視覚に障害のある参加者が触覚や嗅覚を駆使してこれらの教材から作品のイメージを事前に推察し，作品鑑賞において晴眼者をナビゲートする機会も設けた。終了後，全盲の参加者Aさんは，「美術鑑賞の機会は初めてで，匂い袋は机の上に置いて，折に触れ香りを楽しみたい。複数の感覚をクロスさせて美術作品を楽しむこのようなプログラムは面白かったので，今後もぜひ実施してほしい。」と述べた。また，晴眼者のアンケートには，「視覚障害者の人と初めて接した。彼がリーダーのクイズ形式が楽しかった。」「Aさんが感じたことを（作品）探すプロセスがとても新鮮でおもしろかったです。」といった感想が寄せられた（大髙，2024）。

　このように，参加者の主体学習と主体学習の中でコミュニケーション

2）https://www.yokosuka-moa.jp/archive/event/2023/20230506-779.html（2024年9月16日最終確認）

図7-2　横須賀美術館主催『アートに触れる鑑賞プログラム"スカビでおしゃべり":絵からひろがる初夏の香り』（撮影:宗像花草）

を中心に据えるワークショップは，それ自体が社会的媒体（メディア）である。博物館は各資料の特徴を勘案し，利用者のニーズによって，言語その他の補完するメディアを準備するとともに，ワークショップを実施して，多様性を重んじる民主的な仲間づくりをしていくことも必要である（大髙，2022b，pp.100-105）。

2．佐賀県立名護屋城博物館における情報・メディア

　佐賀県立名護屋城博物館（唐津市，以下「名護屋城博物館」）を参照して，一館の博物館が提供する情報・メディアの事例を考えてみよう。

(1) 館内での情報・メディア

　唐津市および東松浦郡玄海町に広がる特別史跡「名護屋城跡並陣跡」は，豊臣秀吉による文禄・慶長の役（壬辰・丁酉倭乱，1592-98）の出兵拠点として築かれた城郭の遺跡群で，豊臣秀吉が出兵の指揮を執

った名護城跡を中心に150カ所を超える諸大名の陣跡が確認されている。名護屋城跡に隣接する名護屋城博物館は、文禄・慶長の役を侵略戦争と位置づけ、その反省の上に立って、日本列島と朝鮮半島との長い交流の歴史をたどり、今後の双方の交流・友好の推進拠点となることを目指して1993（平成5）年に開館した歴史博物館である（佐賀県立名護屋城博物館，2019，p.3）。常設展示では、朝鮮国土を荒廃させただけでなく、豊臣政権の衰退を早めた戦争であった文禄・慶長の役を中心に、日本列島と朝鮮半島で共通点がみられる古代の考古遺物や日本に請来された仏教美術、江戸時代の朝鮮通信使等のテーマに沿って、約2万年前から現代に至る「日本列島と朝鮮半島の交流史」に関する双方の古文書や絵図等の各種史料、発掘された考古資料、資料のレプリカや模型を織り交ぜて展示している（図7-3）。日本語と韓国語による解説パネル、モニター上の解説映像、オーディオ・ガイド、モバイル機器による解説、持ち帰り可能な解説シートも用意している。

　また、館内では、約10分間の映像解説『幻の巨城　肥前名護屋城』を多言語により定期的に上映している。名護屋城博物館の常設展示や映像解説は、テレビの時代劇や映画で繰り返し描かれてきたステレオ・タイプの秀吉像の枠組みを超えて、秀吉と彼が起こした侵略戦争や当時の文化に関する歴史情報を知り得る機会を提供していると言えよう。

図7-3　名護屋城博物館の
　　　　常設展示室

図7-4　「黄金の茶室」

さらに，名護屋城博物館は，文禄・慶長の役当時の文化の一端を伝える「黄金の茶室」（原寸大レプリカ，図7-4）の展示を2022（令和4）年春から開始した。陣跡の発掘調査により発見された茶室や能舞台の跡等から，武士たちが戦いのみに専念していた訳ではないことが判明してきたとともに，史料研究も加わり，秀吉自身が名護屋城内に造営した草庵茶室（侘茶に用いる茶室，口絵2）や，大坂城から名護屋城まで運ばせた組み立て自在の「黄金の茶室」で，大名や外国人の来賓等をもてなし，茶の湯を楽しんだことが明らかになってきたことによる。「黄金の茶室」は，そこでの茶会に参加した一人である博多の豪商で茶人の神屋宗湛の『宗湛日記』を参考にして再現された（家田，2022）。

　同館は，学芸員の解説付きで「黄金の茶室」内で呈茶を提供するプログラムを実施し，茶の湯の経験がない人も申込み可能だ。このプログラムでは，城の屋内に設置されたであろう「黄金の茶室」内の様子を再現するために照明を落とす工夫もされ，その中に座ってみると，「黄金の茶室」は，静謐な「いぶし銀に包まれる茶室」に変容することに驚かされる。「黄金の茶室」は，まさに，その中に座ってひと時を過ごしてみないとその真髄が分からないメディアである。その空間に包まれて抹茶を飲むという直接的な経験は，仮想現実（Virtual Reality：VR）等の新しいメディアでは味わうことができない感動，ひいては発見・思考をもたらす。このように，このプログラムは，参加者が当時の歴史的な場面を追体験するとともに，金に包まれた空間がどのような印象を与えるのかを当事者として考える機会を提供している。「黄金の茶室」でのプログラムも，研究成果を堪能する卓越したメディアと言える。

　館内に設置の来館者のご意見箱やアンケート用紙には，展示に対する賛否両論が記されてきた。浦川和也学芸員（2004年当時）は，「私どもは日本中心的歴史観と韓国中心的歴史観のどちらにも偏らない形で展示

していこうと，また，日本の資料と韓国の資料を併置していこうと努めています」と述べている（2004，p.67）。上記のご意見箱やアンケートは，来館者が展示やプログラムに関する自己の考えを振り返る機会，それらを博物館が知り得る機会を提供するメディアである。メディアとしての博物館では，このように，利用者の意見表明・利用者と博物館との意見交換のためのさまざまなメディアを内包することが重要である。

（2）館外での情報・メディア

名護屋城博物館は，モバイル機器（無料貸出しタブレットや訪問者所有のスマートフォン等）による城跡散策時の案内ソフトを開発してきた。これらの新しいメディアには，本丸等城跡の中心部（3万 m^2）とその周囲58カ所で360度のVRの映像等を楽しむ『VR名護屋城』がある。例えば，口絵2は，名護屋城跡や大名陣跡の発掘調査で発見された「茶の湯」に関連した庭園遺構の一つである名護屋城の山里丸（秀吉の私的空間）内の草庵茶室のVR映像だ。遺構は保全のため調査後に埋め戻され，この茶室は現存していない。こうした遺構は，発掘調査に加え，＜肥前名護屋城図屏風＞や各種古文書等の研究成果を総合的に勘案して研究されてきた（宮崎，2015）。このVR映像もそうした研究成果に基づいている。

このように，名護屋城博物館は，博物館と名護屋城跡を一体とした歴史・文化資源と位置づけ，前述の館内での映像解説『幻の巨城　肥前名護屋城』や展示とともに，各種メディアによる情報提供を推進してきた（松尾，2016）。

VR等のデジタル映像資料は，博物館に蓄積されてきた長年の研究成果による綿密な考証に基づき制作される必要がある。名護屋城博物館で開発されてきた映像資料は，利用者の声の傾聴による拡充や，多種，高

精細コンピュータ・グラフィックス（CG）を特徴とするだけでなく，従来の展示における時空の枠組みを超えた，研究成果を知り得る新しいメディアの例でもある。

（3）館内外を統合する情報・メディア

　名護屋城博物館が提供する館内と館外を結ぶメディアの例には，持ち帰り可能な展示解説シートや同館発行の展覧会図録，『研究紀要』がある。また，学芸員が学校や公民館等の他の機関で講演をしたりするアウトリーチ・プログラムもある。

　名護屋城博物館のユニークなプログラムには，2006（平成18）年以来，佐賀県立唐津青翔高等学校と毎年実施してきた『博学協働授業』がある（久野・小山，2015）。2学年の選択科目「日韓交流史」の授業を1年間にわたり高校教員と学芸員が協働して計画・実施するというものだ。履修者は「地域の歴史・文化に誇りを持ち，今後出会う多くの人に紹介できるようになる」という目標に向かって，名護屋城跡や大名陣跡の見学・発掘調査体験，博物館内での資料・展示等の探究（図7-5），韓国出身の国際交流員による「韓国文化講座」受講等により学習していく。これらの学習活動を通して，「日韓交流」に関わる歴史や文化を多角的に学ぶことにより，自身が生まれ育った地域が日韓交流においてどれほど重要な場所であったかを知り，各人が今後の人生において地域の歴史・文化に誇りを持って広い視野で他者と接していくことができるようになることを目指している。

図7-5 『博学協働授業』における＜肥前名護屋城諸侯陣跡之図＞（江戸時代末頃）の探究（2023年6月）

　博物館が提供するプログラムは，学芸員と参加者・関係者がコミュニケーションを通して知識を共有・創造する社会的媒体（メディア）である。『博学協働授業』は，履修者が1年間にわたり多角的かつ多様な主体学習を通して得た日韓交流史や地域の文化に関する知見を統合し，他者に伝える歴史マップやリーフレット等のメディアを作成・公表することにより，社会的媒体の連鎖を生じてきた，丁寧で卓越したプログラム例と言えよう。

3．博物館を活用した学際的学習・研究

　これまで学んだように，メディアとしての博物館の活用法は多岐にわたる。ここでは，学芸員を目指す人はもちろん，博物館利用者にも参考となる，大学生の学習・研究におけるメディアとしての博物館の活用について，学芸員資格課程で学んだ人の事例を参照して検討しよう。

（1）近世史における卒業論文研究に関わる大学生の博物館利用

　言うまでもなく，卒業論文は大学生が学習・研究成果をまとめて新しい知見を発信する一大事業である。放送大学人間と文化コースの卒業生の白谷茉莉さんの卒業論文研究の道筋における博物館利用を参照してみよう。

　白谷さんは，近世中後期の下総国佐倉藩における「麻賀多明神祭礼」の運営のあり方を，同藩ゆかりの近世史料等を紐解いて研究し，卒業論文において，この祭礼が城下町で行われていたものの，藩主導の「城下町祭礼」というより，祭礼費用の大部分を町方が負担する等，「町方の祭礼」に近い性質を持つものであると推定した（白谷，2016）。

　この研究のきっかけは，日本の歴史に関心を持った白谷さんが，ミニゼミで佐倉藩士渡辺善右衛門著『古今佐倉真佐子』の翻刻を通して古文書の読み方を一から学んだことだった。白谷さんは，ゼミの菅原憲二客員教授の指導の下，歴史研究の方法を学び，さまざまな博物館，図書館，資料館等の所蔵史料に関する情報を，ウェブサイト上での検索や来館での鑑賞，閲覧により入手した。その過程には，次のような調査・研究活動が含まれる。

- 東京国立博物館（台東区）のウェブサイト上の『コレクション』中，『研究データベース』の「古地図データベース」の中で＜下総国千葉付近図＞や＜関東絵図＞を検索し，閲覧。
- 国立国会図書館の『デジタルコレクション』で，『佐倉風土記』，『江戸砂子』や，「日本古城絵図」の中で＜総州佐倉城図＞，＜下総佐倉城＞，＜下総佐倉城図＞を検索し，閲覧。
- 佐倉新町おはやし館（佐倉市）に来館し，展示されている城下町古地図の写真や祭礼の山車人形を閲覧・鑑賞。
- 西尾市岩瀬文庫のウェブサイト上の『古書ミュージアム』中，『蔵

書・古典籍書誌データベース』で，佐倉藩の地図の所蔵を確認後，訪問し，地図（実物）を閲覧。その場でスケッチ。スタッフから西尾市資料館を紹介される。

- 西尾市資料館を訪問し，企画展『城絵図展』（2016年）で＜下総国佐倉城図＞（佐倉新町おはやし館で写真が展示されている地図の実物）等，佐倉藩城下町と佐倉城の詳細な地図を鑑賞し，関連刊行物を購入。後に同館のウェブサイト上で「刊行物（図書・報告書）一覧表」を検索し，再確認。

- 国立歴史民俗博物館（佐倉市）のウェブサイト上の『データベースれきはく』中の『研究成果・論文目録データベース』中，「旧高旧領取調帳」で，各種古文書において不明な旧村名を，旧国名，旧郡名から検索して調査。同データベースの「江戸商人・職人」や「近世職人画像」等も活用。図書室で研究に関連する出版物を閲覧。

- 千葉県文書館で下総佐倉藩堀田家文書（佐倉厚生園所蔵）のマイクロフィルム（大谷貞夫編，雄松堂，1989）を閲覧。

- 早稲田大学の『古典籍データベース』で，『江戸砂子』，『成田名所図会』，『利根川図志』等を閲覧。

歴史研究では，古文書，地図，絵図といった複数の種類の史料に当たり，これらを照らし合わせて考察する必要がある。白谷さんもこれらの史料を探し求め，各史料を丹念に調査・研究してきた。古典籍等のデジタル化された史料がウェブサイト上のデジタル・アーカイブズで公開されることは，タイトルのみからでは不明な詳細情報を入手できるだけでなく，拡大可能であることから，細部の研究に有益であると，白谷さんは指摘する。

また，白谷さんは卒論研究と関連して，国立歴史民俗博物館の特別展『行列に見る近世―武士と異国と祭礼と―』（2012年度）や，『中世の古

文書—機能と形』（2013年度）の展示構成や図録から，卒論の構成への
ヒントを得ただけでなく，図録を卒論で引用している。

　白谷さんは，卒業後も近世祭礼研究を継続し，放送大学大学院で丹後
田辺城下町の朝代祭礼の城内巡行のあり方に焦点を当てた城下町祭礼の
成立と展開を論述した修士論文（白谷，2020）を完成し，修士課程を修
了。その後も研究を継続し，2022（令和4）年から千葉県文書館に勤務
して，学んできたことを古文書整理・研究・講座実施等業務に活かして
きた。白谷さんは，放送大学在学中以来継続してきた研究を，膨大な史
料の中の「宝さがし」のようであると言う。

　このように，卒論研究等の歴史研究では，要となる史料を博物館（美
術館を含む），図書館，大学等のさまざまな研究・教育機関や個人が所
有しているため，研究者がそれらの所在を突き止め，一次資料に当たる
ということは，時間と労力を要する。膨大な史料の時空間の中から，小
さな宝（資料・データ）を見つけたときの喜びはひとしおだ。こうした
研究過程は，歴史以外の学問分野の資料にも通じることである。

（2）利用者の探究活動を支援するデータベース

　白谷さんのように，今日の博物館利用者は，博物館の資料に関する情
報をさまざまなメディアにより，巧みに活用している。インターネット
やデジタルメディアが浸透している今日，私たちの生涯にわたる探究活
動において，必要な資料や先行研究に関する情報入手の利便性は，飛躍
的に向上してきた。それを左右するのは，ウェブサイト上での検索活動
である。したがって，博物館が利用しやすい検索システムを構築し，ウ
ェブサイト上で情報を公開するということは，博物館利用者への貢献の
可能性を拡大する。

　例えば，国立歴史民俗博物館は，日本の歴史・文化の研究に資すべ

く，1996（平成8）年にインターネットを介した検索サービスの提供を開始した。『データベースれきはく』は，館蔵資料データベース，所蔵図書データベース，研究成果・論文目録データベース，記録類全文データベースで構成され，拡充・改良されてきた（宮田，2014）。このうち，館蔵資料データベースでは，歴史民俗資料には専門的な用語が付与されていることが多いため，一般利用者が検索しやすいように，比較的平易な語から出発して，専門的な資料名称に到達できるよう，高度な検索手段についての検討が進められてきた（鈴木，2015）。また，立命館大学国際平和ミュージアム（京都市）のウェブサイトで2016（平成28）年より公開されている『収蔵資料データベース』では，各資料のキーワード，資料群名称の表示等を行い，関連する資料にたどりつける仕組みを取り入れている（篠田，2016）。これらの博物館は，独自に構築したデータベースを絶えず更新してきた。

　また，複数の博物館等の連携により構築される，特定のテーマに関するデータベースをポータルサイトと言う。その構築には，関係者の協働による情報収集に始まり，検索システムの設計・拡充のためのプラットフォーム（共通の基盤）が必要である。日本国内で開発された大規模な例には，2008（平成20）年に文化庁が公開した『文化遺産オンライン』がある。このサイトには，「文化遺産オンラインは，文化庁が運営する我が国の文化遺産についてのポータルサイトです。全国の博物館・美術館等から提供された作品や国宝・重要文化財など，さまざまな情報をご覧いただけます。」という主旨とともに，2024（令和6）年9月16日時点で，参加館数1051館，公開作品件数288,329件と明示されている[3]。

　文化庁は2022（令和4）年4月18日に『文化遺産オンライン』を，「文化財との新しい出会い」の場とするため，「広く一般向けに文化財情報への入り口として，直接的な情報検索の利便向上だけでなく，ご利用く

---

3) https://bunka.nii.ac.jp（2024年9月16日最終確認）

ださる皆さまの興味・関心の向上や知的好奇心の喚起に資するポータル
サイトを目指し」,リニューアルしたことを公表した。具体的には,ス
マホ・タブレット対応,デザイン・ビジュアルの刷新,デジタルビュー
ア機能「日本列島タイムマシンナビ」の導入,英語表記の追加をした。
サイトの運営は,文化庁と国立情報学研究所が共同で行っている[4]。

　ポータルサイトの構築は容易ではない。その前段階として,博物館が
公開データベース等で,特定の資料やテーマに関連する他機関のリンク
を提示するだけでも利用者の利便性は増すと言えよう。また,これまで
参照してきた事例は,データベースやポータルサイトは構築後も常に更
新する必要があるメディアであることを物語っている。

4. 高度情報化時代の博物館教育の方向性と課題

　インターネット等でデジタル化された情報を容易に入手できる今日に
おいても,博物館の実物資料が持つ情報の価値が減ずることはない。博
物館は,資料に始まり,展覧会,文献,マス・メディア,インターネッ
ト等を活用して,利用者の声に耳を傾けながら,その情報入手の利便性
を高めていくことが求められる。

　また,インターネットが浸透する今日においても,博物館による双方
向性の e－ラーニングの機会提供は,大学等の教育・研究機関に比べて,
進んでいるとは言えない。日本の博物館においては,インターネットや
デジタルメディアを活用した,博物館内外での博物館教育の内容・教授
法の研究・開発や運営のための予算と組織の確保・拡充が必要である。

　さらに,高度情報化時代である今日,情報通信技術(Information and
Communication Technology : ICT)を使いこなせる人と,使いこなせな
い人には,情報の受発信,コミュニケーションを行う上で格差(デジタ
ル・デバイド　digital divide)が生じると言われる(青木・高橋,

---

4) https://www.bunka.go.jp/seisaku/bunkazai/93697801.html(2024年9月16日 最
　終確認)

2022)。その一方で，インターネット上では，「偽ニュース」が事実と誤認されたまま瞬時に世界中に拡散することが社会問題化している。また，インターネット，とりわけソーシャルメディア（Social Networking Service：SNS やブログ等の交流サイト）から情報の大半を入手する人々には，入手する情報が自分の嗜好や思考傾向に合致したもののみに偏り，多様性を否定し社会を分断する方向に進みかねない状況に陥りやすい傾向（フィルターバブル）があるということも明らかになってきた。

デジタルメディアを日常的に活用する時代に生まれ育ち，ICT を使いこなすデジタル・ネイティブ（digital native）と呼ばれる世代も含め，人々が膨大な情報をメディアを介在して受発信する今日，情報の真偽を含む価値の見極めは，私たちの日常生活における重大な課題である。情報に関わる格差の是正は，人々の情報の価値判断能力の向上にかかっているとも言えよう。

「偽ニュース」やフィクションを含む多様な情報が氾濫する今日，博物館は，信頼できるメディアを求めて止まない忙しい私たちが，「当たり前だ」，「正しい」と思い込んでしまっていることを立ち止まって見直したり，今，あるいは未来のために，何が重要かを落ち着いて考えたりする機会を提供してくれる，「スローな探究」の場の一つでもある。前述の ICOM の新定義で新しく明示された「省察（reflection）」には，「スローな探究」の機会が，かつてないほど重要性を増している。

博物館が信頼に足るメディアとして，コミュニケーションにより利用者の情報リテラシー（情報の受発信能力であるとともに，情報の価値を判断し，使いこなす能力）向上に貢献するということは，今後ますます期待されていくと考えられる。このことは，高度情報化時代における博物館教育の課題である。

〔付記〕本章は，第22回日本ミュージアム・マネージメント学会シンポジウム
での筆者の発表「多様性とコミュニケーション：スローな文化の場としての
博物館」（2017年6月3日）に基づき，加筆修正した。

参考文献

青木久美子・高橋秀明『日常生活のデジタルメディア』（放送大学教育振興会，2022
年）

家田淳一「よみがえった秀吉の至宝・黄金の茶室」佐賀県文化・観光局文化課編
『「黄金の茶室」再び名護屋に』pp.1-3.（編者，2022年）

浦川和也「佐賀県立名護屋城博物館の建設と会館10年の歩み」『歴史展示のメッセ
ージ』pp.35-68（アム・プロモーション，2004年）

大高幸「博物館教育とは」大高幸・寺島洋子編著『博物館教育論』pp.11-28（放送
大学教育振興会，2022年 a）

大高幸「ワークショップ：その理念と人文科学系博物館における実践」大高幸・寺
島洋子編著『博物館教育論』pp.97-113（放送大学教育振興会，2022年 b）

大高幸「平面に描かれたシンボル鑑賞プログラムのいろいろな目的と方法：実践二
例から」（2024年度ユニバーサル・ミュージアム研究会における発表，2024年11
月17日）

岸田早苗「成果と課題」『お雑煮プロジェクト～新博ティーンズプロジェクト PART
III 成果報告書』pp.21-22（みえミュージアム活性化事業実行委員会，2012年）

佐賀県立名護屋城博物館編「佐賀県立名護屋城博物館について」『佐賀県立名護屋
城博物館　展示案内』p.3（編者，2019年）

篠田裕介「立命館大学国際平和ミュージアムにおける資料整理と収蔵資料データベ
ースシステムの開発について」『立命館平和研究―立命館大学国際平和ミュージ
アム紀要―』第17号，pp.103-108（2016年3月）

白谷茉莉「近世中後期における下総地域の祭礼―麻賀多明神祭礼を中心に―」（放
送大学提出卒業研究論文，2016年）

白谷茉莉「近世中後期における丹後田辺藩城下祭礼の成立と展開―朝代祭礼城内巡
行を中心に」（放送大学大学院提出修士論文，2020年）

鈴木卓治「共同研究の経緯と成果」鈴木卓治編『国立歴史民俗博物館研究報告　第189集　［共同研究］デジタル化された歴史研究情報の高度利用に関する研究』pp.1-14（歴史民俗博物館振興会，2015年）

布谷知夫「タンポポ調査の経過と「タンポポ調査・西日本2015」での三重県の調査結果」『三重県総合博物館研究紀要』No.2，pp.69-79（2016年３月）

久野哲矢・小山洋一「唐津青翔高校との博学協働授業「日韓交流史」について」『研究紀要　第21集』pp.49-58（佐賀県立名護屋城博物館，2015年３月）

フォークナー，ルパート（Faulkner, R.）「生まれ変わった東芝ギャラリー：ヴィクトリア・アンド・アルバート博物館の日本美術展示室」『国際シンポジウム要旨集　日本美術をみせる―リニューアルとリノヴェーション―』pp.15-16（海外ミュージアム日本専門家連携・交流事業実行委員会2016（東京国立博物館．2017年）

文化庁「文化遺産オンライン」http://bunka.nii.ac.jp/（2024年９月16日最終確認）

文化庁「「文化遺産オンライン」のリニューアル」https://www.bunka.go.jp/seisaku/bunkazai/93697801.html（2024年９月16日最終確認）

松尾法博「肥前名護屋城復元 CG の制作とその活用―バーチャル名護屋城事業と博物館の活性化―」『研究紀要』第22集 pp.1-22（佐賀県立名護屋城博物館，2016年３月）

宮崎博司「肥前名護屋の庭関連遺構について」『研究紀要　第21集』pp.1-10（佐賀県立名護屋城博物館，2015年３月）

宮田公佳「情報システム」国立歴史民俗博物館三十年史編纂委員会『国立歴史民俗博物館三十年史』pp.313-316（国立歴史民俗博物館，2014年）

横須賀美術館『アートに触れる鑑賞プログラム"スカビでおしゃべり"「絵からひろがる初夏の香り」』https://www.yokosuka-moa.jp/archive/event/2023/20230506-779.html（2024年９月16日最終確認）

Coursera　https://www.coursera.org（2024年９月16日最終確認）

ICOM 日本委員会「新しい博物館定義，日本語訳が決定しました」『ジャーナル』（2023年１月16日）https://icomjapan.org/journal/2023/01/16/p-3188/（2024年９月16日最終確認）

Otaka, M.（2016），'Museum family programmes as a model to develop democratic education : A pedagogy inspired by the principles of *Cha-no-yu*', *International Journal of Education through Art*, 12 : 1, pp.39-56, doi : 10.1386/eta.12.1.39_1

8 | 研究と博物館情報・メディア

鶴見英成

《**学習のポイント**》 博物館のコレクションは，専門性の高い担当者の努力によって保存され，さまざまに研究され，次世代へと継承される。本章では学術的情報が失われないように管理が工夫されていること，多様な分析手法の発達に伴って研究・教育を含めて博物館活動が大きく展開することを学ぶ。
《**キーワード**》 研究，保存，タイプ標本，非破壊分析，破壊分析，X線CT，マイクロサンプリング

1. はじめに

　博物館のコレクションは学術的な資料である。一般の来館者としてその展示を見たり触れたりすることはあっても，どのように研究されているのかを知る機会は多くはないであろう。第4章では自然科学の標本を中心として，どのように学術的な情報が整理され，公開されていくかを詳しく解説したが，本章では博物館のコレクションからどのように情報が読み取られるのか，情報はどのように保存されるのかを研究の現場を中心に解説する。前半では，生物標本に焦点を当て，標本とその情報をどのように保存していくのかを紹介する。後半では，考古資料を例に分析技術の発達とともに読み取れる情報がどのように増えてきたのか，またそれが博物館の活動をどのように豊かにするのかについて解説する。

2. 生物標本と情報・メディア

（1）東京大学総合研究博物館のコレクション

　博物館のコレクションは，美術においては「作品」，歴史研究のための文書は「史料」と呼ばれ，自然科学においては分野によって「標本」と呼ばれることがあり，いずれにも該当しない場合は単に資料と呼ぶことが多い。本章では生物学の標本と，考古学の資料を中心に解説するが，その呼び方には研究分野における位置づけが反映されているのである。

　第1章でも触れた東京大学総合研究博物館には，大学で研究されてきたさまざまな分野の資料，標本が集積され，それらをもとにして新たな研究成果が生み出されている。ここでは生物標本について触れよう。例えば，昆虫標本は2022（令和4）年の時点でおよそ90万点が所蔵されているが，その前の10年余りの間に亡くなった研究者や収集家の遺族から寄贈されたものが多い。また，植物標本はこの博物館の中で最も多く，およそ100万点ある。これらは明治時代，東京大学の前身である東京帝国大学の時代から，植物学者たちが集めてきた標本であり，江戸時代末期のものも含まれる。

（2）標本登録と情報管理

　これらの標本に対して標本登録という作業を行う。寄贈された昆虫標本の場合，採集された地点や年月日などについては，寄贈者が記録した情報を引き継ぐ。そして，標本それ自体を有識者が1点ずつ観察し，種名，性別などを最新の研究成果に合わせて読み取っていく。

　このように，博物館のコレクションというのは，その物自体が情報の詰まったメディアということができる。昆虫標本のように，生物標本は多くの場合，乾燥した状態で保存される。そして，登録番号や種名など

の基本的な情報を書き記したラベルを，標本そのものと一緒に保存するということが一般的である。植物標本の場合，代表的なのは乾燥させた押し葉標本であるが，果実や種子など押しつぶすのに適さないものについては，全体を乾燥させて立体的に保存する（図8-1）。乾燥した標本は，収蔵庫の温度や湿度など館内の環境を適正に管理することで，それら全体の保存を図る。しかし，乾燥させることで崩れてしまうようなものについては，逆に液体に浸すことで保存することがある。これを液浸標本という（図8-2）。

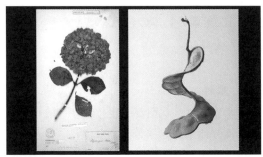

図8-1　植物標本（押し葉標本と立体的に乾燥保存した標本）

図8-2　液浸標本

（3）魚類標本コレクション（ZUMT）

　液浸標本がコレクションの大部分を占めるのが魚類標本である。東京大学総合研究博物館が所蔵する魚類標本の大きなコレクションの一つが，理学部に所属する ZUMT（The department of Zoology. The University Museum, The University of Tokyo）である。1902（明治35）年から収集が始まり，登録件数が2023（令和5）年現在6万6000件を超えている。当時の日本の魚類相を網羅的に明らかにするということが念頭に置かれており，その分類群およびその種類，そして採集される環境について非常に網羅的に集められている。それらが現在から100年前に集められたものとなるので，個々の魚類標本のコレクションから分かる自然環境というのは，100年前の日本の自然環境をそっくりそのまま切り抜いたような様相を呈している。

（4）標本の保存と課題

　古い貴重な標本の中には，状態が悪化したり，情報が失われてしまった例がある。古い液浸標本のガラス瓶は本体も蓋もガラス製であるが，密閉が不十分で保存薬が揮発してしまった標本は，感覚器など詳細な部分の観察が十分にできない状態になってしまった。また，保存薬として一般的だったホルマリン水溶液は，体の色を司る組織や骨格を分解してしまう性質があり，本来は硬い体を持つ魚も，濃い濃度のホルマリン水溶液に長期間つけられると溶けてしまうことがあり，さらに物理的な衝撃が加わって，ほぼ液体のようになってしまったものもある。標本瓶に貼られていたラベルも，かびたり破れたり剥がれ落ちたりして，書かれていた情報が失われているものもある。1967（昭和42）年以降，コレクションを管理する専任の教員が不在だった時期があり，液が蒸発してしまう前に交換したり，標本へのダメージが少ない液体に変えたり，状態

の悪い標本の寄贈を受けたらすぐに対処したりといった管理がなされなかったためである。2021（令和3）年以降，比較的修復が望める標本について，中のホルマリン水溶液をエタノール水溶液に置き換えて，ZUMTのコレクションに登録するという手順によって，標本の再利用を進めている（小枝・上島，2021a，2021b，和田ほか，2024）。

（5）標本の保存容器と保存液

　標本を保存するためにどのような器具や物質を使うのか，管理者は注意を払う必要がある。図8-3に示す3つの容器について説明する。

①ガラス製容器は丈夫なため，世界中の博物館で100年，200年という単位で標本の保存を支えてきた実績がある。古くは蓋もガラス製であったが，液の揮発を抑えるため，現在ではPET素材の外蓋と内蓋が付いたものが普及している。欠点としては，重いために頑丈な棚が必要であり，地震などで瓶同士がぶつかると破損しやすいといった管理上の困難さが挙げられる。

②PET素材の瓶は軽くて比較的安く，液の揮発が少ないという利点がある。一方で物理的な衝撃に弱く，日光などにさらされると表面が白

図8-3　標本を保存するために使う容器
　　（左から①ガラス瓶　②PET素材の瓶　③アクリル製の容器）

く濁り，強度も下がるといった欠点もある。ZUMTのコレクションでは長期保存ではなく仮置き用に使用している。
③アクリル製の容器は透明度が高いので標本が見やすく，また任意の大きさや形の容器を用意できる。欠点として，保存薬として今日広く使われているエタノール水溶液に対して弱い。

(6) 標本のラベル付け

ZUMTコレクションの標本に対して登録番号などの情報を付加するにあたり，標本瓶にラベルを貼るのではなく，標本自体にタグを直接付けるようにしている（図8-4）。6万点の標本それぞれに対してラベルを貼った瓶を割り当てると収蔵スペースが足りなくなるが，標本にタグを付ければ1つの瓶で複数を管理できるからである。ZUMTコレクションで用いられているタグには3種類の素材がある（図8-5）。
①紙製タグは和紙に墨と筆で書いたもので，120年経った現在でも鮮明に残っている例がある。ただし衝撃に弱く，観察時に破れたり取れたりするおそれがある。
②布製タグは木綿布に墨と筆で書いたもので，長持ちし，紙に比べて物理的衝撃にも強い。現在ではナンバリングマシンを使い，木綿布にメ

図8-4　液体内の標本にタグを付けた液浸標本

図8-5 液浸標本内に入れるラベルの種類
（左から①紙製　②布製　③プラスチック製リボン）

タルインクで数字を記載するようにしている。
③プラスチック製リボンは，凹凸で印字したタグである。インクを使わないので，液体ににじむことはないが，どの程度長期的な保存に耐えるのか，これから見守っていく必要がある。
　これらのタグは，それぞれの特性を活かして使い分けられている。例えば，プラスチック製リボンは，紙のタグと一緒に保管して，紙の方が傷ついてしまったときの保険として使用されている。
　このようにして登録された標本の情報は，まず紙に記録され，その後パソコンに入力される。紙と電子的な情報の両方がバックアップとして保管され，万一の事態に備えている。情報はデータベースで管理され，研究や教育に広く活用される。とくに論文において言及されるなど，具体的な研究実績のある標本は，証拠標本としてすぐに識別できるように管理されている。

(7) タイプ標本の管理

　タイプ標本とは，ある生物種の学名の基準となる重要な標本である。生物学においてはあらゆる生物に対して，タイプ標本の設定の規則が徹

底されている。主なタイプ標本の種類は以下のとおりである。
1. ホロタイプ：新種の生物種が提唱される際，多くの標本を参照していることが多いが，その中で学名を担う「担名タイプ標本」として指定される唯一の標本（図8-6-1）。
2. パラタイプ：ホロタイプ以外のタイプ標本。予備としての役割を持つ（図8-6-1）。
3. ネオタイプ：ホロタイプがもしも失われてしまった場合に，規則に従ってパラタイプの中から新たに選ばれる担名タイプ標本（図8-6-2）。

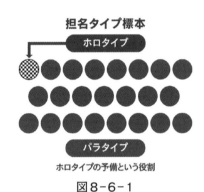

図8-6-1

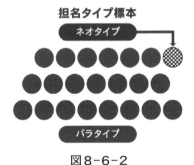

図8-6-2

4. シンタイプ：最初から，複数の担名タイプ標本によって学名が提唱される場合の呼び方（図8-6-3左）。
5. レクトタイプ：シンタイプの中に，さらに種の分類が見出された場合，新たな種の唯一の担名タイプ標本として選ばれたもの（図8-6-3右）。
6. パラレクトタイプ：新たな種の，レクトタイプ以外の標本（図8-6-3右）。

このように，生物種という情報を表すメディアとして，タイプ標本の規則は厳密に定められており，それらを所蔵する館は重大な責任を担うため，きわめて慎重に保管している。種によっては，巨大すぎて標本を残すことができなかったという事例もあるが，記載に際して参照にされた図画などが，タイプ標本に最も近い情報として厳重に保管される。

(8) 標本の貸し出しと交換

タイプ標本は研究のために貸し出しの希望を受けることが多い。貸し出された標本には，貸し出し中の札をつけておくとともに，インボイス

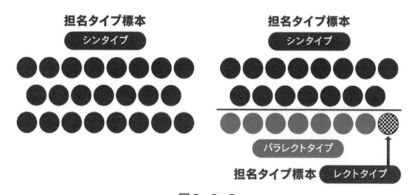

図8-6-3

を作成して，どの研究機関にいつ貸し出されて，その貸出期間がいつまでであるかを記録している。さらに，解剖まで含めて自由に研究できるよう，正式に標本を交換する事例もある。交換に際しては書類を作るだけでなく，交換の情報を示すタグを標本に添えることで，正確な記録を残すことができる。親しい間柄の研究者の間で情報を残さずに標本を動かしてしまい，時間が経過して，関係者が逝去することによって，来歴不明のコレクションができてしまう，といった事態は避けなければならない。

（9）標本情報の重要性

　ZUMTコレクションの基礎を作った日本魚類学の父と呼ばれる田中茂穂博士は，論文において，標本の産地，そして採集年月日を記録することの重要性を強く説いていた（田中，1913）。例えば，イソアイナメという魚は，現在では東北地方以北の日本沿岸に分布するが，およそ100年前の標本は鹿児島湾のものである。このように，かつての日本から得られた標本を検証することで，かつての日本から現在までどのような環境の変化があったのかを，その生き物たちを基準に考察することができる。そして，過去から現在までの魚類の分布を研究することで，将来，日本の環境がどのように変化していくのかについても考察を深めることができる。博物館コレクションとその情報を永続的に保存するためには，学芸員や研究者が引き継ぎながらケアを行う必要があるのである。

　なお，標本を解剖するというのは破壊行為であるが，タイプ標本が厳重に保存され，同じ種の標本が複数存在する場合，学術的に重要な情報が得られるという見通しがあれば，慎重に検討される選択肢となる。コレクションの破壊分析について以下，考古資料を例にとって述べよう。

3. 考古資料と情報・メディア

（1）考古資料の分析技術：破壊分析・非破壊分析

　筆者は，古代アンデスのボトル型土器の内面を調べるために，破片から接合された土器資料の接着剤を溶かして一部を分解し，内部を観察したことがある。そのあと元通りに再接着したので顕著な状態変化は与えていないが，一度は資料を破壊したことになる。これに対して第1章で言及したとおり，X線CTを用いることにより，土器に割れ口がなくても，内側の細かい形状まで測定することが可能である。このような分析方法の違いを，破壊分析，非破壊分析と対比して呼ぶ。博物館の資料を研究する上で望ましいのはもちろん非破壊分析である。分析技術の発達とともに読み取れる情報がどのように増えてきたのか，また，それが博物館の活動をどのように豊かにするのかを，東海大学文明研究所の事例から見てみよう。

　東海大学文明研究所は，アンデスとエジプトの考古資料のコレクションを所蔵している（大平ほか編著，2019）。アンデスコレクションは，もともと美術品のコレクションとして集められたもので，その中に土器は約1,000点あり，1点ずつ箱に整然と収められている。エジプトコレクションは考古学者が研究目的で集めたもので，破片資料が多く，時代別に系統立てて整理されている。それぞれのコレクションに対してどのような分析がなされたか，順に紹介していく。

（2）アンデスコレクション：ボトル型土器の分析事例

1）3Dモデル

　アンデスコレクションの中に，笛吹きボトルと呼ばれる一群のボトル型土器がある。土器の内部に球形の笛が組み込まれており，液体を入れ

た状態で揺り動かすと，空気の流れによって音が鳴るという精妙な土器である。さまざまな時代・地域の事例を比較し，製作技法や鳴らし方の違いや，音が鳴る仕組みの物理学・音響学的分析を行うために，X線CTを使って内部構造を精密に計測した（口絵3）。そのデータをもとに，図8-7のように3Dプリンタでレプリカを作れば，オリジナルの資料を傷めることなく，内部を詳細に観察したり，水を入れて実験したりとさまざまな分析が可能になる。

2）X線CTによる素材の分析

X線CTは，物質の密度差を検出して，土器と空気の境界として土器の形を描き出す（図8-8）。従来，胎土の研究は土器を薄く切断し，プレパラートを作るなどの破壊分析が必要だった。しかしこのように高性能な装置であれば，胎土中の気泡や混ざった混和剤など，素材の違いやその分布を明らかにできる。素材の違いを識別できるようになったため，後世において修復された箇所を検出し，オリジナルの真正な部分と区別することが可能となった。特にアンデスの考古資料は，美術品としての市場価値を高めるための修復や贋作が出回っているため，その識別が可能になったことは博物館学的に大きな進展と言える。

図8-7　笛吹きボトルのオリジナル（左），内部を見られる半裁レプリカ（中），半透明素材で内部の水の動きを観察できるレプリカ（右）
（東海大学文明研究所所蔵）

第8章 研究と博物館情報・メディア | 151

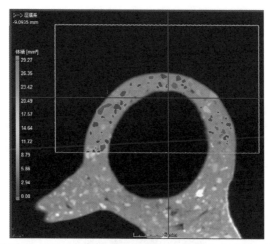

図8-8 空洞を持つボトル型土器の形状と，胎土中の空気・混和剤を示すX線CT画像
（東海大学マイクロ・ナノ研究開発センターとの共同研究，東海大学イメージング研究センターで撮影）

(3) エジプトコレクション：ヒヒ神像の分析事例

　東海大学文明研究所が所蔵する「ヒヒ神像」（ホルス神の目を捧持するヒヒ像）の分析を事例として挙げる。ヒヒ神像は，古代エジプトのトト神をマントヒヒの姿で表現したもので，末期王朝時代からプトレマイオス朝時代（紀元前664～前32年頃）の作品と推定されている（図8-9）。木材の傷みが激しいため，科学的にさまざまに分析した上で修復するという計画が立てられ，クラウドファンディングによって実行された（山花，2022）。

1）X線CTによる分析

　この分析で，基礎的な調査として行われたのがX線CTであった。これによりヒヒ神像の内部構造を非破壊で観察することができた。X線

図8-9 「ホルス神の目を捧持するヒヒ像」(山花, 2022：01①)

CTは，物質の密度の違いによってその形を測定するが，密度の低い木材や樹脂と，密度の高い金属が組み合わさっている場合，それぞれの形を描き出すために大変な工夫が必要であった。透過させると，ヒヒの体と台座では色が異なり，異なる木材が使われていると考えられた。また，つま先の部分が体ではなく，台座の部品に属していることが判明した。こういった詳細な分析は，修復計画の立案において非常に有効であった。

2）蛍光X線分析

　蛍光X線分析は，物質の元素の種類や存在量を調べる手法で，非破壊・非接触の分析である。これらの分析は，ポータブルな機材をヒヒ神

第8章　研究と博物館情報・メディア　153

図8-10　蛍光X線分析（山花，2022：03⑦）

像のもとに持ってきて実施された（図8-10）。表面に塗られた顔料は劣化や変色の可能性があるが，元素の組成を読み取ることで素材の手がかりを得られる。また，他の機材を使って顔料の結晶構造や識別できない色情報を引き出し，電子顕微鏡で観察することで顔料の種類を特定できた。例えば，ヒヒのマントを彩る青色はエジプシャンブルーと呼ばれ，紀元4世紀ごろ途絶えた古代の人工顔料であることが判明した。さらに，蛍光X線分析により金属部品の表面から4種類の金属元素が確認されたが，表面は腐食して変質しており，本来の材質を正確に解明するには至らなかった。

3）マイクロサンプリング

そこでマイクロサンプリングという手法が用いられた。機械の台の上

にヒヒ神像の冠の部品が置かれ，パソコンの画面にはその表面のごく一部が顕微鏡で大きく拡大されて映し出されている。黒いニードルを操作して，冠の表面を深さ20ミクロンずつ削り，腐食していない金属が輝くように掘り下げられた（図8-11）。削り出した金属のサンプルを黒いカーボンテープに貼り付け，電子顕微鏡で分析できるようにしている。この分析から，金属部品は鉛と銅の合金であり，プトレマイオス朝からローマ時代にかけて多く使われた素材であることが判明した。

今までの考古学では，かなりの量のサンプルを提供しなければ分析できなかったが，マイクロサンプリングのような手法を使うことで，破壊分析ではあるものの，どこからサンプルを取り出したのか肉眼では分からないほど，ダメージが軽微である。またサンプルの採取量が非常に少なくて済み，材料の特性をかなり正確に把握することが可能である。

4）放射性炭素年代測定

さらに，木製の部品も分析することになり，ヒヒの体と台座は別々の部品であるため，それぞれのサンプルを採取した。目的の一つは樹種の同定であり，組織を観察できる程度の木片が必要だった。もう一つの目的は年代測定であり，放射性炭素年代測定に必要なサンプル量はわずか

図8-11　マイクロサンプリング

だが，木材の断片を切り出す必要があった。外観に影響しないよう検討した結果，台座の部品は下の面からサンプルを取ることになり，ヒヒの体の方は割れ口から採取した（図8-12）。慎重な破壊分析の結果，木材はいずれもイチジク属であることが判明したが，樹種をさらに絞り込むには大きなサンプルが必要であり，そこまでは行わない判断が下された。年代測定は二つの機関に依頼し，どちらからも近い結果が報告されたため，信頼性の高い結果が得られたと言えよう。美術的特徴から，この像は末期王朝時代からプトレマイオス朝にかけて作られたと考えられていたが，分析結果による顔料や合金の年代とも一致した。

　さまざまな分析によって解明が進んだ点もあれば，これまで見えていなかった新たな研究課題が浮き彫りになることもあった。いずれにせよ，非常に精緻な問題を論じることができるようになり，研究は着実に進展したと言える。なお分析の成果は，傷んだヒヒ神像の修復にも活かされ，また得られた知見を元に精密なレプリカも作成されたため，今後の博物館活動のさらなる充実が期待できる。

図8-12　放射性炭素年代測定のための素材切り出し作業

4. まとめ

　博物館のコレクションからさまざまな学術的情報を引き出しうること，また新しい分析技術の導入により，これまで見えていなかった新たな研究課題が浮き彫りになることがおわかりいただけたと思う。それを研究や教育，博物館活動のさらなる発展につなげ，そして次世代に継承するためには，担当者の高い専門性と熱意が必要であり，また情報を長期間残すためのメディアの検討が欠かせないのである。

参考文献

大平秀一・吉田晃章・山花京子編著『古代エジプトとアンデスの色彩』（東海大学文明研究所，2019年）

小枝圭太・上島励『東京大学総合研究博物館動物部門所蔵　魚類標本リスト(1)』（東京大学総合研究博物館，2022年 a ）

小枝圭太・上島励『東京大学総合研究博物館動物部門所蔵　魚類標本リスト(2)』（東京大学総合研究博物館，2022年 b ）

田中茂穂「簡易魚類採集法」「魚学雑誌」1(1)：2-5　(1913年)

山花京子「古代エジプト人の祈りを，神像の科学的調査から読み解く！クラウドファンディング型社会発信研究補助計画を活用した外部資金の獲得の事例報告」『東海大学紀要文化社会学部』7：123-134（東海大学文化社会学部　2022年）

和田英敏・小枝圭太・上島励『東京大学総合研究博物館動物部門所蔵　魚類標本リスト(3)』（東京大学総合研究博物館，2024年）

9 | デジタル技術による変革

近藤智嗣

《学習のポイント》 デジタル技術による変革（DX）は，博物館においても重要な課題である。博物館の DX は，単に資料をデジタル化したり，展示にデジタル技術を活用したりするだけではない。新たな展示モデルを創出するために，新しいデジタル技術も導入して変革するということである。本章では博物館の DX に関連した動向，デジタルミュージアムに関連する技術を取り上げる。

《キーワード》 デジタル変革，DX，博物館法，ICOM，Society 5.0，デジタイゼーション，デジタライゼーション，デジタルツイン

---

1. デジタル変革（DX）

（1）博物館におけるデジタル技術

　博物館におけるデジタル技術の応用としては，1）展示，2）デジタルアーカイブ，3）コミュニケーション等の分野がある。1）展示では，デジタルミュージアム，展示設備としてのデジタル機器，館内を移動しながら解説情報を得ることができるデジタル端末等がある。2）アーカイブでは，資料のデジタル化とアーカイブ，企画展や特別展のアーカイブ，保存・管理するためのデジタル技術がある。3）コミュニケーションでは，来館前後に閲覧する Web サイト，ソーシャルメディアや SNS，館内を 3D 空間で再現するメタバースやデジタルツイン等がある。これらは独立しているのではなく相互に関連し，展示やサービス等

として提供される。

（２）博物館法の改正と ICOM の新しい博物館定義

2022（令和４）年は博物館の DX に関連する二つの大きな改正が行われた。一つは博物館法の改正で，もう一つは ICOM（国際博物館会議）の新しい博物館定義案の採択である。この二つの改正ではデジタル化に関しても言及されており，博物館法では「博物館の事業」に「博物館資料に係る電磁的記録を作成し，公開すること」が付加され，ICOM の博物館定義では「コミュニティの参加」の文言が付加された。以下がその詳細である。

１）博物館法

2022（令和４）年の第208回国会（通常国会）において，博物館法の一部を改正する法律が成立した。施行期日は，2023（令和５）年４月１日である。本章に関係する重要な点は，第３条第１項第３号に「博物館資料に係る電磁的記録を作成し，公開すること」が追加されたことである。また，「他の博物館等と連携すること，及び地域の多様な主体との連携・協力による文化観光その他の活動を図り地域の活力の向上に取り組むことが努力義務」（博物館法の一部を改正する法律の概要：文化庁）とされたことも関連する点である。つまり，先述の分類ではデジタルアーカイブとコミュニケーションが追加されたことになる。この改正には，COVID-19 の影響で博物館施設の利用制限等の課題が顕在化し，デジタル化の必要性や有効性が認識されたことも背景となっている。

２）ICOM

博物館に関する世界最大の組織として ICOM（International Council of Museums：国際博物館会議）がある。かつては「イコム」と発音されていたが，現在は「アイコム」に統一されている。この ICOM が

2022年8月のICOMプラハ大会において新しい博物館定義案を採決した。15年ぶりの改訂であり，本科目にとっても重要であるため新旧の全文を以下に引用する。"accessible and inclusive"，"participation of communities"等が付加されたことの違いを確認できる。

（2007年版）

A museum is a non-profit, permanent institution in the service of society and its development, open to the public, which acquires, conserves, researches, communicates and exhibits the tangible and intangible heritage of humanity and its environment for the purposes of education, study and enjoyment.

博物館とは，社会とその発展に貢献するため，有形，無形の人類の遺産とその環境を，教育，研究，楽しみを目的として収集，保存，調査研究，普及，展示する公衆に開かれた非営利の常設機関である。（公益財団法人日本博物館協会による日本語仮訳）

（2022年版）

A museum is a not-for-profit, permanent institution in the service of society that researches, collects, conserves, interprets and exhibits tangible and intangible heritage. Open to the public, accessible and inclusive, museums foster diversity and sustainability. They operate and communicate ethically, professionally and with the participation of communities, offering varied experiences for education, enjoyment, reflection and knowledge sharing.

博物館は，有形及び無形の遺産を研究，収集，保存，解釈，展示する，社会のための非営利の常設機関である。博物館は一般に公開され，誰もが利用でき，包摂的であって，多様性と持続可能性を育む。倫理的かつ専門性をもってコミュニケーションを図り，コミュニティの参加と

ともに博物館は活動し，教育，愉しみ，省察と知識共有のためのさまざまな経験を提供する。（ICOM 日本委員会による日本語）

（3）デジタル変革（DX）とは
1）DX の本意
　本項では本章のテーマでもある DX について，経緯を踏まえて概略する。DX とはデジタルトランスフォーメーション（Digital Transformation）の略であるが，英語圏で trans の省略は across の意味でＸとするのが慣例であるため，DT でなく DX と表記されている。日本語では「デジタル変革」等と訳されている。"Digital Transformation" という用語は，2004年にスウェーデンのウメオ大学のエリック・ストルターマン教授（2023年時点ではインディアナ大学教授）が，"Information technology and the good life" という論文の中で使用している。DX の本意は，この論文のタイトルに "good life" という言葉が使われているとおり，単なるデジタル化や情報化ではなく，最新のデジタル技術により人々の生活をあらゆる面で，より良いものへと変革させることという意図がある。

2）Society 5.0 と DX 推進の経緯
　ドイツ連邦政府はスマート工場を中心としたエコシステムの構築を主眼とし，「第４次産業革命」の意味合いを持つ「インダストリー4.0」構想を2011年に公表した。こうした取り組みを背景に，我が国では2016（平成28）年１月に「科学技術基本計画」が閣議決定され，2016年度からの５カ年の計画が示された。その中では「世界に先駆けた『超スマート社会』の実現」として「必要なもの・サービスを，必要な人に，必要な時に，必要なだけ提供し，社会のさまざまなニーズにきめ細かに対応でき，あらゆる人が質の高いサービスを受けられ，年齢，性別，地域，

言語といったさまざまな違いを乗り越え，活き活きと快適に暮らすことのできる社会」を未来の姿として提起した．これが「Society 5.0」である．内閣府は Society 5.0 を，狩猟社会（Society 1.0），農耕社会（Society 2.0），工業社会（Society 3.0），情報社会（Society 4.0）に続く新たな社会として「サイバー空間（仮想空間）とフィジカル空間（現実空間）を高度に融合させたシステムにより，経済発展と社会的課題の解決を両立する，人間中心の社会（Society）」としている（図9-1）．

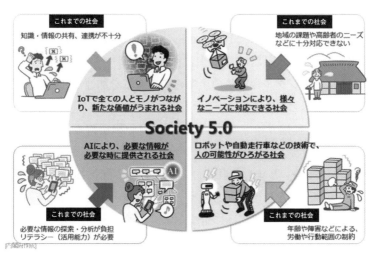

図9-1　Society 5.0 で実現する社会（内閣府）

　Society 5.0 を実現するためにも DX を着実に実行することが不可欠であった．我が国における DX 推進の契機としては，2018（平成30）年9月に南山大学の青山幹雄教授を座長とする経済産業省の「デジタルトランスフォーメーションに向けた研究会」が「DX レポート〜IT システム「2025年の崖」の克服と DX の本格的な展開〜」をとりまとめたこと

が大きい。このレポートのサブタイトルにある「2025年の崖」とは，「複雑化・老朽化・ブラックボックス化した既存システムが残存した場合，2025年までに予想されるIT人材の引退やサポート終了等によるリスクの高まり等に伴う経済損失は，2025（令和7）年以降，最大12兆円／年（現在の約3倍）にのぼる可能性がある」というものである。この複雑化・老朽化・ブラックボックス化した既存ITシステムは，レガシーシステムと呼ばれている。2018（平成30）年12月に経済産業省は，DXを推進することを目的として「デジタルトランスフォーメーションを推進するためのガイドライン（DX推進ガイドライン）」を公表し，その後，2020（令和2）年12月に「DXレポート2（中間取りまとめ)」，2021（令和3）年8月に『DXレポート2.1（DXレポート2追補版)』を相次いで公表し，デジタル変革後の産業の姿や変革を加速させるための政策の方向性等を示している。

　その後「DX推進ガイドライン」は「コロナ禍を踏まえたデジタル・ガバナンス検討会」により，2022（令和4）年9月に「デジタルガバナンス・コード2.0」と統合されている。その他，「DX推進指標」も示され，各企業が簡易な自己診断を行うことを可能としている。

　このDX推進は，企業だけに留まらず，大学を含めたほとんどの分野の重要課題となっており博物館も例外とは言えない。

3）DXの三つの段階

　DXの段階として「DXレポート2（中間取りまとめ)」では三つの異なる段階に分解し，次のように定義している。

- ・デジタイゼーション（Digitization)：アナログ・物理データのデジタルデータ化
- ・デジタライゼーション（Digitalization)：個別の業務・製造プロセスのデジタル化

・デジタルトランスフォーメーション（Digital Transformation）：組織横断／全体の業務・製造プロセスのデジタル化，"顧客起点の価値創出"のための事業やビジネスモデルの変革

博物館にあてはめると，デジタルアーカイブが，アナログの資料をデジタル化するデジタイゼーションの段階に留まらず，デジタライゼーションとしてプロセスもデジタル化され，さらに，新しい技術や表現を駆使することにも応用され，新たな価値を創出する展示やサービスへとデジタルトランスフォーメーションすることとなるだろう。

4）DX と SX，GX との関係性

DX と関連する概念として「デジタルガバナンス・コード2.0」には，SX（サステナビリティ・トランスフォーメーション）と GX（グリーン・トランスフォーメーション）が示され，DX と一体的に取り組んでいくことが指摘されている。サステナビリティとは持続可能性のことで，SX は「社会のサステナビリティと企業のサステナビリティを「同期化」させていくこと，およびそのために必要な経営・事業変革」とされている。GX はカーボンニュートラル実現のための取り組みであるが，これを契機とした経済成長も目指す取り組みであることが特長である。

（4）コロナ禍が加速させた展示の DX

DX は単にデジタル化や ICT を使えばいいということではないため，展示の DX では，新しいデジタル技術を導入して，新たな展示モデルを創出するための変革であると述べてきた。この DX を加速させるためには，固定観念にとらわれない柔軟な発想が必要である。これまでの展示のミッションには，より多くの来館者に実際のモノを見てもらうということがあった。しかし，この従来からの常識も固定観念であったと考え

直す時代になっている。コロナ禍では，臨時休館，入場制限，ハンズオン展示の中止，消毒・除菌の徹底等が直面する喫緊の課題であった。そして，コロナ禍であっても何とか博物館機能を維持させるため，来館せずに自宅からでも参加可能なオンラインイベント等の試みも多く行われた。現在の博物館は，こうしたコロナ禍で培った経験を活かし，博物館の役割を根本的に考え直す重要なミッションを担っていると言える。将来の博物館や展示を考える際は，根源的な理念さえも考え直す柔軟な発想が必要で，DXはその重要な要素である。

2. デジタルミュージアム

（1）デジタルミュージアムに通じる考え

　国立民族学博物館の設立に尽力し，初代館長を1974（昭和49）年6月から1993（平成5）年3月まで務めた梅棹忠夫は，1982（昭和57）年に日本展示学会を設立し，その主旨において次のように述べている。

> 　「展示は，言語情報，映像情報をもその内部に包含しつつ，さらに，実物による情報，実体験による情報をも加えて，いわば五感すべてによる体験情報を与えるものである。（中略）そこには，みるものとみせるもの，みるものとみられるものとのあいだに，双方向的な対話と相互作用が成立する。このように，展示は，各種のメディアを内部にふくむ総合的なメディアであり，しかも，その結果，コミュニケーション手段としてさまざまな特異性をそなえているものと言わなければならない。」

　このように展示の趣旨や意図としては，「五感すべてによる体験情報」「総合的なメディア」「コミュニケーション手段」が以前からあり，

第9章　デジタル技術による変革 | **165**

これらを実現するデジタル技術がやっと追いつき，現在のデジタルミュージアムに受け継がれていると言えよう。

（2）初期のデジタルミュージアム

「デジタルミュージアム」という用語は，統一的に定義されてなく，Web上のバーチャルミュージアムやデジタルアーカイブのことを意味している場合もある。この節では，実在する博物館でデジタル技術が駆使された展示という意味で「デジタルミュージアム」という用語を使用する。まず，1997（平成9）年と2000（平成12）年に東京大学総合研究博物館によって開催された特別展『デジタルミュージアム』は，博物館展示におけるICT活用の実験的かつ先駆的な試みであったと言えよう。3DCGのバーチャル空間内での展示やコミュニケーション，PDAの利用，ユニバーサルデザインの要素を組み込んだものであった。また2005（平成17）年に開館した岡山市デジタルミュージアムでは，「ころっと」という移動型情報端末を床一面の大型航空写真上で移動すると，床内に敷き詰められた7000枚のICタグによって，その場所の詳細情報が見ることができた。また，展示室の壁に埋め込まれたICタグにPDAを近づけると解説を見ることもできた。2012（平成24）年10月には岡山シティミュージアムに名称変更されている。

文部科学省は，総務省の協力を得て2006（平成18）年に「デジタルミュージアムに関する研究会」を発足した。目的は，「文化資源の次世代型デジタル・アーカイブ化及びアーカイブの活用・流通・ネットワーク化に向けた技術の研究開発や，『デジタルミュージアム』の実証に向けたシステムの研究開発構想について検討を行うこと」であった。2007（平成19）年6月にはこの報告書が公開され，2009（平成21）年4月には「デジタル・ミュージアム実現のための研究開発に向けた要素技術及

びシステムに関する調査検討」の事業が公募されている。ここでいうデジタルミュージアムとは「従来の，既存の文化財をデジタル化しWEB上で公開するものや，展示物にIDタグをかざしてその情報を提示させるものに留まるものではなく，文化を五感でインタラクティブ（対話的）に体験することを可能とし，新たな展示の可能性を提案する統合システムです。」とされている。

3．軍艦島デジタルミュージアムの取り組み

（1）概要

　軍艦島は，長崎県長崎市の長崎港から約18kmにある端島（はしま）のことである（図9−2）。本章ではミュージアム名に合わせて軍艦島と呼ぶことにする。軍艦島は，面積6.4haの人工の島で，日本初の鉄筋コンクリートの高層集合住宅等が並び，戦艦「土佐」に似ていたことから通称「軍艦島」と呼ばれている。明治時代から昭和時代にかけて海底炭鉱によって栄えたが，1974（昭和49）年に閉山され無人島となった。2015（平成27）年7月には世界文化遺産「明治日本の産業革命遺産〜製鉄・製鋼，造船，石炭産業〜」として登録されている。

図9−2　端島（軍艦島）2022年9月撮影

第9章　デジタル技術による変革 ｜ **167**

　この軍艦島への上陸ツアーを手がける軍艦島コンシェルジュは，2015
（平成27）年9月に軍艦島デジタルミュージアムを開館し，2021（令和
3）年にリニューアルしている（図9-3）。軍艦島デジタルミュージア
ムでは，閉山前の様子や現在の立入禁止区域をデジタル技術によって再
現し，大型スクリーンやVRによって体験できる。場所は長崎市のグラ
バー園のすぐ近くで，軍艦島への上陸ツアーの乗船場も近い。

（2）サイバー空間とフィジカル空間の融合

　本章でこのミュージアムを取り上げたのは，デジタルミュージアムと
いう名前が付いていることもあるが，先述したSociety 5.0のサイバー
空間とフィジカル空間の融合という観点が特徴だからである。つまり，
実際に端島（軍艦島）まで船で行き，天候などが良好であれば上陸する
というフィジカル空間を体験することと，ミュージアム内でのバーチャ
ルな体験が密接につながっている点である。図9-4は「軍艦島シンフ
ォニー」という展示室で，幅30mのスクリーンに元島民のガイドによ
る映像コンテンツ等が提示され，他のスクリーンやモニターにも3DCG
やドキュメンタリーが上映され，プロジェクションマッピングによる展
示もある。また，図9-5の左はVR用のHMD（Head Mounted Dis-
play）で，ドローンで撮影された映像で軍艦島上空や実際には立入禁止
区域を体験することができる。図9-5の右はMR（ミクストリアリテ
ィ）用HMDで，このHMDを装着したまま館内を移動すると，展示物
に合わせたゲームを体験できるものである（図9-5の写真：2022年9
月撮影）。特にVR用HMDで体験したドローンの映像は，その後に船
で移動し実際の軍艦島を目の当たりにして上陸すると，先ほど体験した
上空を移動していた映像を思い出すことになる。このようにバーチャル
な体験から現実の体験になり，現実空間でバーチャルな体験の記憶が合

図9-3　軍艦島デジタルミュージアム

図9-4　軍艦島シンフォニー

第 9 章　デジタル技術による変革　｜　169

図 9-5　VR と MR の HMD

成されることは，ミクストリアリティによる現実とバーチャルの融合とは異なった展示手法と考えられる。

（3）ミクストリアリティとプロジェクションマッピング

　サイバー空間とフィジカル空間を融合するという観点から，ミクストリアリティとプロジェクションマッピングを比較する。

　ミクストリアリティ（Mixed Reality：MR）については，第2章でも解説したが，複合現実感と訳されバーチャルとリアルをミックスする技術の総称である。これを実現するには，図9-5のような HMD を装着するタイプと，スマートフォン等で簡易に合成するタイプがある。MR用 HMD には，ビデオ・シースルー型と，オプチカル・シースルー型があり，図9-5の右はオプチカル・シースルー型である。オプチカル・シースルーの場合は，そのまま外界を見ることになるが，ビデオ・シー

スルー型の HMD には，小型のビデオカメラが内蔵されているため，外界をビデオカメラで映した映像として見ることになる。スマートフォン等で簡易に合成する場合も，カメラで撮影された映像をリアルタイムにモニターで見るので，ビデオ・シースルー型となる。

プロジェクションマッピングでは，壁や展示物といったフィジカル空間に映像というサイバー空間を投影していることになり，視覚的に融合された状態である。HMD 等は不要なため体験者にとっての負担は軽い。ただし，プロジェクターによる強い光を投影するため，劣化が懸念される資料には投影できないことや，ある程度，照明を落とした環境という条件になる。

展示体験という観点では，ミクストリアリティが同じ空間に同じ時間にいる複数の体験者が，それぞれ異なる体験をすることができるが，プロジェクションマッピングでは，複数の体験者は同じ体験をすることになる。つまり，上映時間の設定が必要になるという違いがある。

4. メタバースとデジタルツイン

「メタバース」と呼ばれるオンライン上の 3D バーチャルコミュニティは，2007（平成19）年ころに話題になったことがある。例えば，Second Life というメタバース内には，サンフランシスコのハンズオン型科学館のエクスプロラトリウム（Exploratorium）やスミソニアン・アメリカ美術館の Smithsonian's Latino Virtual Museum があった。博物館の一部の機能をバーチャル空間で擬似的に体験でき，1）三次元空間内を歩き回ったり飛び回ったりできること，2）リアルタイムに講演などのイベントを開催できること，3）参加者どうしでコミュニケーションできることなどが特徴であった。特に，バーチャル空間内のリアルタイムなイベントは，実在する博物館の地理的制約を無くすことができ，これ

までには無かった博物館への参加形式であった。その後しばらくメタバースが話題に上ることは少なくなったが，コロナ禍でテレワークが普及し始めた2020（令和2）年ころから，再び話題に上がり，メタバースによるバーチャルな博物館の事例も紹介されるようになった。

DXが提唱され始めた2018（平成30）年ころから，メタバースと似た技術として，デジタルツインが重要視され始めた。デジタルツインとは，リアルな空間をバーチャルな空間としてコピーし，バーチャルな空間でシミュレーション等をすることである。例としては，トヨタ自動車東日本が静岡県裾野市の東富士工場の閉鎖を決定し，その跡地にWoven City（ウーブン・シティ）という未来を実証実験する都市を2021（令和3）年2月23日に着工している。このこれから完成させる都市をCGでバーチャルな都市として用意し，そのバーチャルな都市でシミュレーションを繰り返し，実際の都市の建設に反映させるというものである。このデジタルツインの手法は博物館のリニューアルにも応用できる。

メタバースでは参加者間のコミュニケーションが主な目的であるため，現実空間と異なっていても構わないが，デジタルツインは現実のためのシミュレーションであるため，コピーとして存在する必要がある。

5. まとめ

デジタル技術による変革（DX）は，単に資料をデジタル化したり，展示にデジタル技術を活用したりするだけではなく，新たな展示モデルを創出する可能性がある。そのきっかけとなるのは先進のデジタル技術である。例えば，ミクストリアリティ技術やデジタルツイン技術によってサイバー空間とフィジカル空間が融合された新たな種類の空間を創出できることなどである。また，軍艦島デジタルミュージアムのように実際の場所を訪れる前後でのデジタル体験も博物館の新しい役割である。

コロナ禍で，私たちは従来の固定観念を打破することを求められた。新しい技術を積極的に採用することで，自宅から博物館の展示を体験したり，イベントに参加したりすることが一般的となった。これからも新しい技術は登場する。2022年11月末にOpenAI社からChatGPTが公開され，瞬く間に世界中で使用された。この他にも，さまざまな生成AIが開発され，多くのサービスにAIが取り入れられつつある。生成AIはDXを大きく推進させる可能性がある。展示においても，これまで困難だった展示手法が可能になると予測される。私たちは固定観念にとらわれることなく，新技術を積極的に取り入れることの重要性を理解し，試していくことが重要であろう。

参考文献

梅棹忠夫「日本展示学会の主旨」http://www.tenjigaku.com/about/statement.html（2023年2月27日最終確認）

近藤智嗣　展示のDXとミクストリアリティ，博物館研究（2021年9月号）特集「インターネットを通じた展示公開」の巻頭エッセイ（日本博物館協会）

文化庁　博物館法の一部を改正する法律の概要：https://www.bunka.go.jp/seisaku/bijutsukan_hakubutsukan/shinko/kankei_horei/pdf/93697301_01.pdf　（2023年2月27日最終確認）

内 閣 府　Society5.0：https://www8.cao.go.jp/cstp/society5_0/（2023年2月27日 最終確認）

経済産業省　サステナブルな企業価値創造のための長期経営・長期投資に資する対話研究会（SX 研究会）報告書：https://www.meti.go.jp/shingikai/economy/sustainable_sx/pdf/20220830_1.pdf　（2023年2月27日最終確認）

https://www.woven-city.global/jpn/　（2023年2月27日最終確認）

Stolterman, E., & Fors, A. C.（2004）．Information technology and the good life. In Information systems research（pp.687-692）．Springer, Boston, MA.

経済産業省　DX レポート～IT システム「2025年の崖」克服と DX の本格的な展開～：https://www.meti.go.jp/shingikai/mono_info_service/digital_transformation/20180907_report.html　（2023年2月27日最終確認）

10 | 歴史系博物館における情報・メディア

鶴見英成

《学習のポイント》 歴史系博物館とは人類史を主として取り扱う博物館である。民族（民俗）資料や考古資料から，研究者が専門的に読み取った学術的情報を発信するだけでは不十分である。それらのものを生み出した，あるいは暮らしをともにしてきた，当事者たる集団が存在する点がこの分野の大きな特徴である。博物館との協働を通じて，彼ら自身の中でも対話が進み，彼ら自身が情報を発信していくという過程について，具体例とともに解説する。
《キーワード》 民族学，文化人類学，民俗学，歴史学，考古学，先住民，植民地主義，協働

1. はじめに

　歴史系博物館とは，過去の文字資料を扱う，いわゆる歴史学の博物館だけを指すわけではない。過去の社会を探る考古学や，近現代の多様な人間集団を対象とする文化人類学，あるいは民俗学など人文科学の諸分野の博物館を意味する。コレクションの研究の成果はもちろん重要な博物館情報である。しかし，歴史系博物館には他にも重要な情報が伴う。人間の作り出した「もの」には，作り出した当事者やその遺族がいる。また，暮らす地域や生活様式のために，そのものに密接に関わる人たちもいる。第1章や第8章でペルーの考古資料について取り上げたが，考古学者が学術的な情報をさまざまに引き出す以前に，それらの発見に立

第10章　歴史系博物館における情報・メディア　| **175**

ち会ったり，遺跡の近くで暮らしてきた現地の人々にとっての，さまざまな記憶が結びついている。学術的情報だけではなく，関わりあうさまざまな人々によって意味を与えられることが，歴史系博物館の持つ情報の大きな特徴である。本章では，この点に焦点を当て二つの事例を紹介する。一つは，書かれた記録や人々の記憶からたどれるような近現代の資料の事例として，北米先住民の民族資料についてである。もう一つは，遠い過去の情報を扱う考古学の事例として，遺跡に付設された博物館のあり方と，さらに発展的な試みについて紹介する。

2. 北米先住民の工芸品

（1）国立民族学博物館の役割

　大阪府の国立民族学博物館（以下，民博）は，歴史系博物館の中で民族学博物館あるいは人類学博物館と分類される。世界各地の人々の暮らしを物語る膨大な資料が集められている。かつて15世紀以降のヨーロッパでは，世界各地から珍しいものや美しいものが集められたが，18世紀以降にそれらを分類整理して博物館が成立した。世界の工芸品を集めた人類学博物館もその頃に起源を持つ。今日の人類学博物館は，物質文化，つまり物資料を集めるだけではなく，映像，音響，図書，写真なども含めて民族資料と呼んで収集している。そのため，収集保存，研究，展示といった機能に加え，映像の上映やデジタルアーカイブによる情報の公開が重要な活動となっている。今日の人類学博物館が果たす役割は，かつてとはどのように異なるのかを，民博の研究者である伊藤敦規氏の取り組みを軸として概説する。

（2）資料収集と情報管理の変化

　人類学博物館の役割は，世界の民族集団の生活や文化を紹介するだけ

でなく，多文化共生の考え方を普及するための教育・文化・研究施設という側面も持っている。西洋の初期の人類学博物館は，美術館との間に分業体制があった。美術館は西洋の「天才」，つまり個人が制作した作品を収集する機関であった。一方，人類学博物館は，非西洋の民族社会，すなわち集団に由来する集合的なものを収集する役割を負っていた。民族資料は，制作者個人の情報が記録されていないものが大多数であるが，それは収集の仕方と関係がある。

1）直接収集：制作者本人からの購入・譲渡・収奪など

　制作者から直接収集された資料は，たとえ制作者の情報が記録されていなくても，収集者の日記などから推測できることがある。かつて植民地から不当に収奪された資料などは，情報が乏しい。近年では，作品を作った本人の連絡先を入手したり，作品を手に持って写真撮影したり，博物館としてその作品を利用するために書面で許諾を得るなど，情報を残す手段がとられている。

2）間接収集：仲介者からの購入，他機関・個人との交換・移管・寄贈

　制作者本人ではなく，仲介者や他の機関，個人などからの間接収集では，前の所有者が全く記録をつけていなかった場合，素材・寸法・受入年といった情報しか持たない資料が多数生じる。

（3）北米先住民資料の特徴と課題

　1970（昭和45）年の日本万国博覧会（大阪万博）で展示された北米先住民の資料は，彼らの保留地の郊外で購入され，後に大阪府から民博に移管された。来歴の情報を持つ資料もあるが，作者の生い立ちや作風など，西洋美術で重視される情報はほぼない。当時の西洋社会では「西洋においては社会がさまざまに変化し，さまざまな芸術家が生まれる一方で，民族社会は完結し閉じていて，変化のない社会である」と見なされ

ていたことが背景にある。民族社会における個人の独創性は，伝統を乱すものとして排除される傾向があったのである。

（4）先住民との関係性の変化

　1990年代後半から2000年代にかけて，北米先住民による博物館資料の返還運動が進展した。それまでの，学問の自由と表現の自由を掲げる研究者たちの，植民地主義で横柄な態度への反発により，研究者によるフィールドワークやその後の言論は制限を受けた。文化人類学や人類学博物館での研究者による一方的な活動方針の策定や，他者表象に対して，「研究される側，収集される側，展示される側」の人々が異議を唱える機会が増していったのである。

　そして，1989年に国立アメリカインディアン博物館法，1990年に米国先住民墓地保護・返還法（通称：NAGPRA：Native American Graves Protection and Repatriation Act）の二つの法が制定されたことで，米国先住民の見解に耳を傾け，共に展示や研究を進める気運が高まった。また，先住民自身が運営する博物館が数多く誕生した。自分たちの文化や歴史は，保留地から遠く離れた人類学博物館を訪問するのではなく，自分たちの地元で教え学ぶ，自己表象機関としての博物館である。

　当時，研究者の調査が厳しく制限される中，伊藤氏が調査を継続できた理由は，学生時代から現地に数カ月滞在を繰り返し，彼らの声に耳を傾け，彼らが研究者に望む態度に努めたこと，そして彼らが知りたい日本市場について詳しかったことにある。北米先住民の工芸品は，日本市場では真作と贋作が混在しており，彼らの著作権問題を研究者側の問題と設定することができたのである。

（5）協働カタログ制作の取り組み

　2009（平成21）年，ズニ民族のズニ博物館館長ジム・イノーテ氏が，民博の所蔵する31点のズニ民族の資料を熟覧したいと来日し，伊藤氏はその補佐を行った。そこから資料返還交渉につながるのではないかという懸念もあったが，実際には熟覧を通じて新たな協力関係が生まれた（伊藤，2011）。

　これまで人類学博物館には「収集する側とされる側」「展示する側とされる側」「研究する側とされる側」という非対称性が存在していた。しかしイノーテ館長は自分のことを「収集される側」とは称さず，「私たちソースコミュニティは」という主語を用いた。これは「資料の制作者，使用者，その子孫からなる人びと」という意味で，この20年余りで人類学博物館の専門用語として普及しつつある言葉である。人類学博物館の歴史と現状に照らし合わせると「過去に収集され，現在は文化的生命力の乏しい状態にある民族誌資料を，学芸員や研究者といった文化的他者になり代わって自らの判断で蘇生することができる人びと」と言えよう。

　またイノーテ館長の熟覧は，単なる台帳の記載内容や物の状態の確認作業ではなく，必ず自分の見解を添えるものだった。ソースコミュニティにおける呼称など，これまで推定に過ぎなかった情報が確定となり，備考欄へ彼の語りを加筆することで大きな変化が生まれた。例えば宗教儀礼に用いるフェティッシュと称する石彫は，商用に制作した製品とは区別すべきであり，他の石彫とは別に置くべき聖なるものであって，特定の成人男性結社に加入した者以外の目には触れるべきではない，といったコメントが与えられた。聖なるものを人目にさらさない，というソースコミュニティの文化を尊重する姿勢をカルチュラル・センシティビティと呼ぶ。人類学博物館での資料の取扱いにおいて留意すべきことで

ある。

　ソースコミュニティの人々が人類学博物館と共同して資料情報を加筆し，聖なるものへの対応も含めて，彼らの知識を博物館資料管理にも応用させる取り組みは「協働カタログ制作」と呼ばれる。美術史家ダンカン・キャメロンはミュージアムのあり方として，評価の定まった至宝を拝む「テンプル」と，人々が未知なるものに出会って議論が始まる「フォーラム」という二つを対比させた（Cameron, 1971）。民博はフォーラムを目指す人類学博物館であるが（吉田，2023），協働カタログ制作を契機に，フォーラム化を展示以外の博物館活動まで展開することを図っている。その具体例として，伊藤氏が近年取り組むプロジェクトを紹介する。

（6）「『再会』プロジェクト」の実施

　伊藤氏が取り組んでいる，通称「『再会』プロジェクト」は，全30件のプロジェクトのパイロット版と見なされている。2014（平成26）年の開始から9年を経た2023（令和5）年8月現在で，5カ国20機関，約3,000点のホピ民族製資料を25名のホピのアーティストや宗教指導者と再会させることができた。プロジェクトは以下のように段階的に進められる。

1. 民族誌資料の情報をソースコミュニティの人々が解する言語に翻訳する
2. 情報共有と情報収集を兼ねる資料熟覧の機会を設ける
3. 熟覧で得た情報を公表するための方法を彼らと一緒に考える
4. 熟覧で得られた内容を公開する

第1の工程では，伊藤氏が既存の資料情報を英語に翻訳した。第2の資料熟覧は，ソースコミュニティの人々を所蔵機関に迎えて行う場合と，伊藤氏が居住地を訪問してモニターで画像を映す場合とがあり，熟覧の様子は700時間を超える映像として記録されている。第3の工程では彼ら自身が映像を確認し，公表すべきでない発言をカットするなどして，英語とホピ語による語りに日本語字幕を加えた。そして第4の公開であるが，民博2階展示場のデータステーションで，館内ネットワークによりデータを閲覧できるようになっている。またホピ保留地では，落雷などで停電が頻発したり，インターネット接続が難しい世帯も多いため，冊子の資料集も並行して刊行している（伊藤編著，2017ほか，図10-1参照）。これら二つの公開方法は著作権への配慮でもある。熟覧者の肖像権にかかる利用許諾を取得しても，資料自体の著作権処理が済んでいないものが大半を占めるため，インターネットで配信できない事情があるためである。

図10-1　日本や米国の博物館での「再会」プロジェクトの日英2カ国語による冊子版報告書（2024年3月時点で11回分が刊行済み）

（7）再会プロジェクトの成果と課題

　再会プロジェクトの目的は，当該資料に関する「唯一の真正な」情報源を作ることではなく，「多様な個から構成される」ソースコミュニティの声を博物館資料情報管理にも反映させることである。例えば，ホピ民族の民族資料に関しては，銀細工師として既に自立している熟練者の語りだけではなく，地元の工芸教室に通い始めたばかりの若手のコメントも収録している。再会プロジェクトを通して自分たちの歴史を学んでもらい，新たな創作へつなげることも目的としているためである。民博の展示場では，再会プロジェクトとの関わり合いの成果を示すという意図のもと，ホピ銀細工の現在の姿を提示している。

　再会プロジェクトの結果，ソースコミュニティの人々からいくつかの資料は，文化的，宗教的な特別な配慮が必要なため，展示品としての選定から外してほしいとか，デジタルアーカイブに画像を掲載しないでほしいといった要望が届くようになったが，それを真摯に受け止め，資料の展示や公開を控える対応をしている。例えば，収蔵庫において民博の職員の目にも触れないよう特別な収蔵方法をとっている。また展示ケース内に資料名を示すキャプションを置きつつ，そこに現物を置かないことにより，ソースコミュニティの要請に配慮する博物館の姿勢そのものを来館者に示す，という挑戦的な展示手法も試みた。

　伊藤氏は再会プロジェクトの意義について，文化的な生命力が衰えていた資料を地元の文脈に戻す，文化的蘇生の現場となったこと，そして思想または感情を創作的に表現したものと定義される著作物性が，民族資料の中に発見された点を指摘している。著作物性は，学芸員や研究者といった文化的他者が一方的に判断するものではなく，ソースコミュニティの人々が独自の視点で見出すことができるのである。人類学博物館は単に物質としての資料を次世代に継承するのでなく，代替不可能な資

料に関する代替不可能な多声的な「もの語り」を次世代に継承し，もの
と人との恒常的な再接続の機会を整えるという，重要な役割が期待され
ていると言えよう（伊藤，2024）。

3. アンデスの文化遺産

（1）ペルーにおける文化遺産の課題

次に，遠い過去の人間が残したものを巡り，自分たちの祖先という認
識をとくに持たずに，深く関わりを持つ事例を紹介する。

第1章で触れた日本のアンデス調査団は，1970年代後半からペルー北
部のワカロマという遺跡で約10年にわたり発掘を実施し，調査を締めく
くるにあたって遺跡の建築を保存修復して，遺跡公園としてペルー文化
庁に引き渡した。しかし文化庁は，発掘していない地点まで含めて非常
に広い範囲を遺跡保存地区に指定し，付近の住民は，その相談もないま
ま立ち退きを求められることになった。民博の研究者である関雄二氏は
当時，大学院生として調査に参加していたが，作業員として調査を支え
てくれた住民から，「仕事をくれたことには感謝している。が，あなた
たちさえ来なかったら，こんなひどいことにはならなかった」という声
を聞いた。地球の裏側からやって来て遺跡を守ろうとすることが，かえ
って地域の人たちを苦しめる結果になってしまうという矛盾に直面した
関氏は，その後も考古学調査を展開しつつ，研究者としての自身の存在
基盤に関わるとして，この問題に取り組んで来た（関，2014）。

（2）現地住民の遺跡に対する認識

関氏は現代のペルーの人々が遺跡に対してどのような考えを持ってい
るのか，聞き取り調査を重ねた。第1章や第8章で触れたように，古代
アンデスの土器などは美術品として高値で取引され，また黄金製品をは

じめ貴金属も出土するため，盗掘が多発することは事実である。しかし
聞き取りの結果，盗掘は単純に功利的な行為ではなく，彼らなりの遺跡
観や歴史観が深く関わっていることが分かった。植民地時代以降浸透し
たキリスト教の世界観のため，古代の社会は異教徒たちの暗黒の世界で
ある，というような見方が広まっており，遺跡と自分（あるいは自分た
ちの社会）とは関係がなく，歴史的にも繋がっていないという回答も多
くの盗掘者が口にした。研究者から見れば現代の住民たちは，多くは混
血をしているとはいえ，遺跡を残した人たちの末裔である。しかし，彼
ら自身がそれを否定していたのである。このことは文化遺産の活用や保
存をする際に大きな障害となりやすい。例えば海外からの観光客が遺跡
を訪れた際，自国の歴史と比較しながら理解しようとする。そのために
は，遺跡がいつ頃，誰によって，どのような目的で建てられたかという
基本的な情報，いわば「普遍的な歴史観」が必要となる。しかし，地元
の人々がその遺跡と自分たちとの関係を否定していると，そうした情報
の共有が難しくなる。普遍的な歴史観に基づく情報だけを押し付けよう
としても，文化財は守れないし活用もできない，という点が問題である
（関，2014：97-99）。

（3）クントゥル・ワシ遺跡と博物館の設立

　関氏たちが1988年から着手したクントゥル・ワシという遺跡では，多
数の黄金製品が墓から出土し，「盗掘者より先に考古学者が黄金を見つ
けた初めての例」と報じられた。黄金ほどに稀少な資料を地方の小村が
管理するのは無理なので，文化庁が首都で保管するのが当然とされる状
況であった。しかし遺跡の周囲で生まれ育ち，発掘調査にも参加したク
ントゥル・ワシ村の人々の中に，それらは地元の宝であるという意識が
生まれた。この問題を調停するにあたり関氏らはワカロマ遺跡での苦い

経験を活かした。つまり，地域住民の声をかき消すことなく，行政の声だけで文化財を活用・保護しないように調停を行ったのである。折衝を重ねた結果，日本にて寄付金や外務省草の根基金を集め，村にクントゥル・ワシ博物館を建てて寄贈した。黄金製品を含めて出土品を村人が管理するという体制ができあがり，開館から30年経った今も村人たちにより適切に運営されている。関氏ら日本人研究者は，博物館を見たこともないという小さな村の人々に，運営に必要な知識や学芸業務など全てを教えた上で，アドバイザーとして後方支援を続けている。

（4）新たな課題と取り組み

しかしなお，関氏は自身の取り組みに疑問を覚えたという。博物館という西洋近代のシステムを自ら率先して彼らに押し付けたのではないか。彼らの自主性，彼ら自身の歴史観は博物館に反映されているのかという疑問だった。

ある時，博物館スタッフの村人が観光客に展示品の解説をしている姿を後ろから見ていた。最初は学術的な解説をしていたが，途中からいたずらっぽく，発掘調査での彼自身の経験や記憶を語り出した。博物館の展示品に対して学術的な情報以外にも，日本調査団との10年以上に渡る関係の中から，村人たちに新しい記憶が生まれてきたのである。これこそが彼ら自身のものに対する想い，あるいは文化財に対する研究者とは違う想いなのではないか。研究者が伝える学術的な情報と，彼ら自身の主体的な内面から出てきた記憶，これら二つを組み合わせることはできるだろうか，という課題が見出されたのである。

（5）パコパンパ遺跡における新たな試み

2005年に着手したパコパンパ遺跡の発掘でも黄金製品を発見した関氏

らは，クントゥル・ワシとは異なるアプローチとして，遺跡至近の村の共有地にビジターセンターを建てる計画を立てた。単なる歴史的な，普遍的な価値観を全面的に出した博物館ではなく，この地域住民の文化を押し出した，より自由度の高い施設を目指している。その理由としては，物価上昇のため日本からの資金での博物館建設が困難になったことや，厳格な整備の進んだ文化財保護法による博物館設備の基準を小さな村で実現するのが難しいことが挙げられる。何よりパコパンパの村には自主的に問題解決をしていく気風があり，より自由度の高い施設にしたほうが，彼ら自身が自主的にさまざまな表現をできる場として活用できると見込まれるからである。

（6）ビジターセンターの構想と実践

　ビジターセンターでは，考古学者たちによるパコパンパ遺跡の研究成果の展示と，村人たちの展示とを設ける計画である。2017年から続くワークショップでは「村の宝物を探そう」というテーマで，外から訪れる人たちに見せたいものを村人たち自身が探している。例えば，料理，農業，村の教会の話，民話など，関心によって人々はグループを作り，それぞれ文章や写真によってポスター形式で発表する。これらをデジタル化して無形遺産のデータベース作成が進行している。それらの情報はビジターセンターに置き，本物を見たい場合はどこに行けばいいかを指示する。つまり，村全体をビジターセンター化していくという考えである。

　この取り組みの中で興味深い変化が起きているという。村人たち自身が「パコパンパ文化協会」という組織を立ち上げ，Webサイトも作り，自らの手で宣伝していたのだ。また毎年8月に村の祭が行われるが，2015年は祭りの日程に合わせて，村人たちの間でアイデンティティ

一の日を設けた。学校の先生が子どもたちを指導して，村の歴史に関する歴史絵巻のようなパレードをするようになった。このパレードでは，黄金の装身具を伴う人骨が発見された「パコパンパの貴婦人」を子どもたちが模したり（図10-2），さらには考古学者の関氏自身も扮装の題材とされたりと，村の人々が考古学調査を自分たちなりに捉え直していることがうかがわれる。

　関氏はこうした動きを通じて，考古学者と村人たちの立場がより平等に近づくことを期待している。専門家だけが知識を与えるのではなく，村人たちが主体的に関わる文化遺産のあり方を模索している（関，2022）。

4．まとめ

　以上，本章では二つの事例を紹介した。北米先住民の工芸品のソースコミュニティも，アンデスの遺跡近隣住民も，それぞれ多くの人から成り，それぞれの声を発している。歴史系博物館においては学芸員・研究者が，彼らと協働し，彼らの集団の中にも対話が生まれていく，そのよ

図10-2　「パコパンパの貴婦人」を再現したパレード（関，2022　図6）

うな役割が期待されるのである。

参考文献

伊藤敦規「博物館標本資料の情報と知識の協働管理に向けて：米国南西部先住民ズニによる国立民族学博物館所蔵標本資料へのアプローチ」「博物館標本資料の情報と知識の協働管理に向けて——米国南西部先住民ズニによる国立民族学博物館所蔵標本資料へのアプローチ」『国立民族学博物館研究報告』35(3) 471-526（国立民族学博物館，2011年）

伊藤敦規（編者）『国立民族学博物館収蔵「ホピ製」木彫人形資料熟覧』（国立民族学博物館，2017年）

伊藤敦規「民族誌資料の理想的なデジタルアーカイブと公開方法」『文化人類学』89(1) 111-131．（2024年）

関雄二『アンデスの文化遺産を活かす—考古学者と盗掘者の対話』（臨川書店，2014年）

関雄二「遺跡保存における考古学者と地域社会の役割」山本睦・松本雄一（編）『アンデス文明ハンドブック』 pp. 335-346（臨川書店，2022年）

吉田憲司「第5章　日本における博物館の歴史」鶴見英成編『博物館概論（'23)』pp. 89-108．（放送大学教育振興会，2023年）

Cameron, Duncan. The Museum : a Temple or the Forum. *Curator : The Museum Journal* 14(1) : 11-24.（1971）

11 | 科学系博物館における
情報・メディア

有田寛之

《学習のポイント》 博物館が収集した資料からはさまざまな情報が引き出される。それらは調査研究の成果となってあらわれるだけではなく，展示や学習支援活動をとおして社会に還元される。

また，博物館にはさまざまな年代の，多様な目的を持つ人々が利用するため，多様な情報提供の手段が必要となる。ここでは，国立科学博物館の事例をもとに，実空間の展示における多様な利用者に向けた情報発信の工夫や，インターネット上に展開するバーチャル展示について紹介する。

《キーワード》 博物館体験，博物館疲労，情報発信，展示解説の階層化，バーチャル展示

1. 展示における情報

博物館法において展示とは何か，という詳細な記述はないが，第2条では「展示して教育的配慮の下に一般公衆の利用に供し」とあり，第3条にも「一般公衆に対して，博物館資料の利用に関し必要な説明，助言，指導等を行い，又は研究室，実験室，工作室，図書室等を設置してこれを利用させること」とある。つまり，資料をただ並べるわけではなく，人々の学びに結びつくことを念頭に置いた，資料の公開が必要とされている。

博物館の展示は，資料を介して博物館と利用者がコミュニケーションを行う場であると捉えると，博物館から利用者に向けたメッセージを伝

えるためのメディアということもできる。それぞれの館が扱う分野に合わせたテーマを設定し，博物館から利用者へのメッセージを伝えるためのストーリーを構築し，そのストーリーに沿って資料が配置され，必要な情報が付加される。

　必要な情報というのは，資料に関する情報，つまり台帳やカードに記載されている情報が基本となり，資料の背景にある歴史や学術分野に関する解説，展示のストーリーとしての全体的な概説などへと広がってゆく。これらは，パネルに印刷された文字や写真が基本となる。コミュニケーションを分類する視点の一つに，言語情報か非言語情報か，というものがあるが，博物館展示の場合，資料（非言語情報）と解説（言語情報）の組み合わせが基本となる。

　博物館には多様な世代の，さまざまな目的意識を持った利用者が訪れる。博物館が伝えたい情報やメッセージを，動かない資料と文字による解説のみですべての来館者に効果的に伝えるのは難しい。そこで，動きのある展示や，触ったり操作したりできる仕組み（ハンズオン展示）を導入したり，解説においては音声や映像といった各種視聴覚メディア，人間による実演や解説などを加えたりすることにより，動きのある現象を表現する，利用者のレベルに合わせた情報提供を行う，といったことが可能になり，さまざまな来館者のニーズに合わせたコミュニケーションが促進される。

2.　展示における学びの多様性

　博物館は上で述べたとおり，小さな子どもからお年寄りまで，誰もが楽しみながら学ぶ場として最適な生涯学習施設の一つである。

　博物館展示における人々の体験については，展示から何を学ぶか，という視点から捉えることができる。現在では，学術的な知識を博物館か

ら来館者へ一方的に伝えることだけが展示における学びではないと考え
られている。博物館展示をどう解釈し，何を感じ，何を理解するかは個
人ごとに異なり，あらかじめ博物館が用意した知識を得ることだけが学
習の成果ではないと捉えられている[1]。

　また，人間には環境の中の規則性，因果関係を求める傾向があると言
われている。これは4歳児にも備わっている機能であり，人間は自分を
取り巻く世界を整合的に理解しようとする。理解のためには，新しく入
ってくる情報を既有の情報と関連づけ，そこに整合的な関係を見出す必
要がある。そして，このような作業には，単なる情報の付加に比べて多
くの心的努力が要求される。つまり，何らかの理解を伴う学習には時間
がかかり，時間に追われて多くのことを速やかに処理しなくてはいけな
い環境では，深い理解は達成できないと考えられている[2]。

　博物館に訪れる来館者がどのような知識を持っているかは，個人ごと
に大きく異なるため，同じ展示を見てどう解釈するかも来館者ごとに異
なるだろう。そのため，来館者が展示を見て，何らかの理解をするため
に必要な情報は個々に異なる可能性があり，博物館は多様な来館者に対
し，できるだけ多様な情報発信の窓口を用意する必要がある。

　一方，博物館に出かけて大変疲れたという経験がある人は多いだろ
う。このような博物館特有の「疲れる」現象は以前から知られており，
約100年前にボストン美術館の Benjamin Ives Gilman によって博物館疲
労（museum fatigue）と名づけられた[3]。

　博物館疲労の原因は主に展示室内での利用者の行動が挙げられる。資
料を保護するための薄暗い照明の展示室の中を，立ったまま歩いてさま

---

1) 代表例として以下がある。ジョージ・E・ハイン著，鷹野光行翻訳（2010）
　『博物館で学ぶ』同成社.〔Hein, G.（1998）*Learning in the Museum.*：Rout-
　ledge.〕 Hooper–Greenhill, E.（ed.）（1999）. *The Educational Role of the Mu-
　seum Second Edition.*：Routledge. Falk, J. & Dierking, L.（2000）. *Learning
　from Museums.*：AltaMira Press.
2) 稲垣佳世子・波多野誼余夫『人はいかに学ぶか』（1989年，中公新書）。
3) Gilman, B.（1916）. Museum Fatigue. Scientific Monthly, 12, pp.67–74.

ざまな資料を見つつ，難解な解説を読んで考える行為を繰り返せば，疲労が蓄積されることは容易に想像できるであろう。また，展示デザインという観点から，展示資料への照明の当たり方，展示空間の色使いやコントラストという要因も考えられている。そのため，博物館建築においては，博物館疲労を少しでも軽減するため，資料をより見やすくするために空間はシンプルにつくり，床より天井を明るくし，200m^{2}または順路100m以上の空間では精神的，肉体的に休息できる場を設ける，などといった具体的な指摘もなされている[4]。

　多様な来館者がさまざまなものの見方，考え方を持つため，個々の興味・関心に対応する情報を提供することで，多様な学びが促進される一方，展示を見学する空間は，資料をできるだけ目立たせてその他の要因が見学を妨げないほうが，より快適なものとなり，自発的に学ぶ環境という点でも好ましい。人々の多様な学びを促進する博物館展示を実現するためには，多様な情報とシンプルな空間構成という，これら二つの要素を両立させるという難しい課題をクリアしなくてはならない。

3. 展示における多様な情報発信： 利用者の多様な学びのニーズに応える

　博物館展示において，多様な来館者の学びに対応するために提供すべき解説情報のうち，主な種類として表11-1にまとめた。

　これらの情報をすべての博物館が用意するのはそう簡単ではない。また，すべての情報を用意できた場合でも，そのすべてを展示室内に掲示しようとした場合，展示室が解説パネルや映像であふれてしまい，展示資料よりも目立ってしまう。また，来館者が自分にとって必要な情報がどこにあるか探す手間もかかり，博物館疲労をかえって誘発する原因になってしまう。

---

4) 半澤重信『博物館建築　博物館・美術館・資料館の空間計画』（1991年，鹿島出版会）。

表11-1　博物館展示における解説情報の主な種類

情報の種類	特　　　徴
基本情報	台帳やカード，ラベル等に書かれている，展示資料の基本情報。この情報はすべての博物館活動の基本であり，この情報なしでは博物館が成り立たない。展示では，ラベルやキャプションと呼ばれ，展示資料の脇に小さなパネルとして示されることが多い。
詳細情報	展示資料に関してより詳しく知りたい人には，詳細情報を提供する必要がある。資料を調査研究して明らかになった結果や，展示資料に関連する学術分野の情報があると，来館者にとってより深い学びにつながる。また，現在進行中の研究に関連した最新情報を随時提供することができれば，同じ展示資料を違った角度から見ることができ，何度も訪れたことがある来館者に対しても新たな学びの機会を提供できる。
周辺情報	展示資料をより身近に感じてもらうためには，資料の入手経緯や調査研究の過程，資料に関わった人への取材など，展示資料の周辺情報をインタビューやメイキング映像等により見せるという方法もある。展示資料の歴史を学べるというだけでなく，学術的に難解な情報が苦手な人にも，展示の中にある人間的な面から興味・関心を持つきっかけを提供できる。
世代別情報	子どもは大人に比べて既有の知識が少ないので，いきなり難解な情報を与えられても理解するのは難しい。そこで，楽しみながら段階的に学ぶため，文章表現を和らげるといった工夫以外にも，クイズやゲーム，マンガ形式といった，情報の提供方法について考慮する必要がある。また，子ども向けの情報があることで，専門的知識がない保護者にとっても，親子でコミュニケーションを図りながら展示を楽しむきっかけとなる。
多言語情報	知識レベル以外の要素も考慮する必要がある。さまざまな外国人に配慮した，解説情報の多言語化が必要である。また，視覚障害者や聴覚障害者と健常者が同じ環境で展示空間を楽しめるよう，点字やハンズ・オン展示の導入，音声を使った情報の提供なども必要である。
経路情報	大規模な展示においては，膨大な展示資料の中から自分が見たいものを見つけるのは難しい。また，あまり長時間滞在できない来館者からは，関連する展示資料を短時間でまとめて効率的に見たいという要望もある。そこで，目的の展示資料にたどり着くまでの経路，同じテーマの展示資料を効率よく見るためのルートを提示できるようにする必要がある。さらに，より効率的な展示見学のためには，休憩場所やお手洗い，レストランや売店等への経路も示されるとより便利である。

第11章　科学系博物館における情報・メディア　　**193**

そのため，基本情報はすべての来館者にアクセスできるようにする必要があるが，それ以外の情報については必要な人が必要なときに得られる仕組みを用意することができれば理想的である。

一つの方策として，展示室において人間による解説や実演を行うことがある。対面式のコミュニケーションであれば，利用者のレベルに合わせた解説を行う，あるいは動きのある現象を見せるといったことが可能になり，さまざまな来館者のニーズに合わせた情報発信を行えるだけでなく，身振りや手振り，表情といった非言語情報を介することによって，博物館と来館者のコミュニケーションはよりスムーズになる。全国の多くの博物館でボランティア制度を設け，展示室でのコミュニケーション活動を行っているのは，このようなニーズに応えることにつながっている。しかし，学術的な内容を理解し相手のレベルに合わせて分かりやすく伝えるスキルを持つ人，外国語に精通している人をすべての開館日に確保するのは容易ではなく，さらに，すべての来館者が必ずしも人を介した情報伝達を望んでいるわけでもない。

印刷物を活用するという方法もある。各種言語で書かれた館内の案内地図は最もよく見かけるものだろう。その他にも展示品一覧，目玉展示へのルート案内，おすすめ見学コース，学校団体向けのワークシート，野外の自然展示であれば見頃の動植物の案内など，来館者の属性や季節等の時期に合わせた情報を提供することができる。また，図録として冊子を販売することもある。ただし，一種類の情報に対して一つの印刷物が対応するため，さまざまな情報を得ようとすると，来館者はたくさんの紙資料を持って展示室を回る必要が生じてしまう。また，博物館も印刷物の補充，改訂などを常に行う必要がある。

そこで，必要な人にのみ必要な情報をより効果的に提供する方法として，情報通信技術の活用が考えられる。多くの情報を，展示室に設置し

たコンピュータ端末や来館者自身が持ち歩く携帯型通信機器に集約することで，来館者は自分が必要とする情報を膨大なパネルの中から探すのではなく，各種端末から取り出せばよくなる。その結果，展示空間に情報をあふれさせることなく，個々の来館者のニーズに合わせた情報発信が可能となり，迅速な情報の更新もできるようになる。また，博物館情報のデジタルアーカイブ化は国を挙げて推進しており，デジタル化された博物館情報の活用という面においても重要である。さらに展示室と同じ情報をインターネット上で発信することも可能となり，来館の予習や復習に役立てられるほか，3D デジタル技術等を用いることにより表現の多様性も高まる。

4.　国立科学博物館の展示における情報発信

（1）国立科学博物館の常設展示

　国立科学博物館は1877（明治10）年に創設された教育博物館を起源とする，国立としては唯一の総合科学博物館である。自然史および科学技術史の中核的研究機関として，また，日本における主導的な博物館として，人々が地球や生命，科学技術に対する認識を深め，人類と自然，科学技術の望ましい関係について考えてゆくことに貢献することを使命としている。

　国立科学博物館の常設展示は，1996（平成8）年にまとめられた「国立科学博物館展示将来計画」に基づき，2004（平成16）年11月に地球館をグランドオープンした後，2007（平成19）年4月に日本館をリニューアルオープンした。その後，2015（平成27）年7月には地球館の一部リニューアルも行っている。

　すべての展示を通じたテーマは「人類と自然の共存をめざして」であり，国立科学博物館の使命に沿ったものとなっている。地球館は長方形

の建物で，展示室は地上3階，地下3階の計6フロアからなる。地球館では「地球生命史と人類」というテーマで，地球誕生から人類の進化，人類が発展させてきた科学技術についての展示を行っている。日本館は1931（昭和6）年に竣工した国指定の重要文化財であり，建物を上空から見ると飛行機に似た形をしている。主翼にあたる部分の地上1階から3階までが展示室として使われ，「日本列島の自然と私たち」というテーマで，日本列島の形成とそこに生息する多様な生物相，日本人の祖先から現代人までの人類史，日本人が自然と共存しながら発展させてきた技術について展示を行っている。

　これらの大きなテーマ設定のもと，地球館はフロア単位，日本館は各階の翼単位で具体的なテーマを定めた展示を展開している。例として図11-1に国立科学博物館地球館1階のフロアマップを示したが，ここでは地球館全体の導入部である「地球史ナビゲーター」に続いて「地球の多様な生き物たち―みんな，関わり合って生きている―」というテーマで地球上の現生生物の多様性について展示を行っている。フロア内は6つのゾーンに分かれ，ゾーンの中は複数の展示ユニットからなり，通し番号が振られている。他の展示室でも同様に，いくつかのゾーンに分かれ，各ゾーンは複数の展示ユニットから構成される。

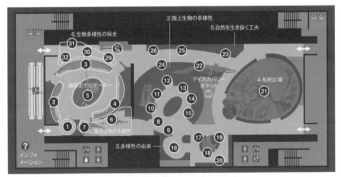

図11-1　国立科学博物館地球館1階のフロアマップ

このように国立科学博物館の常設展示は大きなテーマから細かい内容まで階層構造を持っている。その解説計画を策定するにあたっては，表11-2に示すように解説情報についても階層化を行うとともに，より効果的な情報発信のためにデジタル化を行った。

表11-2　国立科学博物館常設展示の展示解説パネル構成[5]

日本館解説パネル構成			地球館解説パネル構成
本に例えると	パネル等の名称	性　格	パネル等の名称
部	フロアメッセージ（250字程度）	各部屋を統括するメッセージを表現する。	フロアメッセージ
章	ゾーンパネル（100字〜150字程度）	各ゾーンのメッセージを表現する。	ゾーン解説（設計当時はチャンク解説）
節	ストーリーパネル（150字〜200字程度）	全体を通すストーリーの骨格部分になる。	チャンク解説
項	細目パネル（150字〜200字程度）	主要展示物について解説する。	細目パネル
段　落	キオスク解説	すべての展示物について解説する。	キオスク解説

　階層化においては，先に示した展示の構造に従い，展示空間の大きさに基づく情報の分類を行った。地球館ではフロア全体で伝えたい内容をフロアメッセージとして提示し，その下位にゾーンごとの解説，ゾーン内には展示番号に対応するチャンク解説[6]があり，さらに細かい内容は

5）独立行政法人国立科学博物館本館展示設計説明書より改変。
6）心理学で用いられる「情報のまとまり」という意味を元に，ある内容がまとまった展示の一単位，という意味で展示設計当時にこの単語を用いていた。

細目パネルとして展示室内に掲示することとした。地球館は1フロア当たりの展示面積が約1,500m²あり、すべての展示を一筆書きのように順番に見学しようとするととても長い時間がかかるため、ゾーンや展示番号単位で興味がある内容のみを好きな順に見学しても内容が理解できるよう、このようにエリアごとの概要を示すことを重視した。そのため展示番号ごとの概説（チャンク解説）に加え、展示の概要がイメージできるキャッチコピー（チャンクコピー）も用意した。一方、個々の展示資料に関する解説は、後述するキオスク端末の中に集約した。地球館展示における解説情報の具体例は図11-2に示した。

日本館常設展示の解説計画でも地球館における階層化と同様に、フロアメッセージ、ゾーンパネル、ストーリーパネル、細目パネルという順に全体から個別の解説へという情報の流れを作り、個々の展示資料の解説はキオスク端末に集約した。日本館では各翼の面積は300m²程度であるため、来館者には強制はしないものの順番に見学してもらうことを想定し、各展示室のストーリーを追いながら理解できるよう、核となる解説をストーリーパネルの中で展開するという設定にした。

地球館、日本館とも、グラフィックパネルとして展示室内に文章が提示されているのはフロアメッセージから細目パネルまでであるが、キオスク端末ではフロアメッセージから個々の展示資料の解説まで見ることができるほか、展示資料に関連する詳細情報や、写真や動画なども見ることができる。そしてこれらの解説は日本語のほか、英語、中国語、韓国語にも対応している。展示資料数は地球館だけで1万点以上あり、すべての資料に関する解説をグラフィックパネルにし、さらに多言語の解説パネルまで設置すると、展示空間は文字が書かれたパネルであふれてしまう。そこで、このように解説のデジタル化を行うことで、多くの情報を展示室内にあふれさせることなく提供できるようになる。また、デ

 ①入り口にあるフロアタイトル（4カ国語）とフロアメッセージ	 ②ゾーン入り口のタイトル（4カ国語）とゾーン解説
 ③マングローブ林の展示の脇に生態映像のモニターやキオスク端末を設置	 ④展示番号，タイトル（4カ国語），チャンクコピー，チャンク解説が表示されている
 ⑤キオスク端末には④の情報に加え，詳細解説，展示資料ごとの解説がある	 ⑥個々の展示資料の情報は「展示物の解説」を選択し，一覧から該当する資料を選択

図11-2　階層化された展示解説の事例
（国立科学博物館地球館1階⑩マングローブ林を例に）

ジタル化されることで，インターネットでの情報発信も可能となるため，キオスク端末の情報のうち，著作権等知的財産権の処理が行われたものに関しては，国立科学博物館のウェブサイトでも公開している。

(2) 情報通信技術の活用例：キオスク端末と音声ガイド

　キオスク端末とは，多くはタッチパネル式の，無人で稼働する情報端末である（図11-3）。キオスク端末を展示室内に設置することで，グラフィックパネルで解説を行うには細かすぎる情報や写真，映像といった各種視聴覚メディア，年齢別の情報，多言語による展示解説等を提供することができる。博物館展示でこのような端末を見たり操作したりした経験がない人には，銀行のATMや駅の自動券売機をイメージしてもらえればよいだろう。メニュー画面から自分が行いたい操作を選択しながら次へ進んだり，日本語以外の言語への切り替えができたりするといった機能は，銀行や駅にある端末も博物館の端末も共通である。

　国立科学博物館の常設展示におけるキオスク端末では，日本語の一般向け解説と子ども向け解説，英語，韓国語，中国語による解説を見ることができる。

図11-3　国立科学博物館地球館展示室のキオスク端末（導入当時）

音声ガイドは，専用の端末などを用いて展示に関する解説を音声で行うものである。音声ガイド自体は特に新しいものではないが，用いる端末は時代とともに変化してきた。国立科学博物館の常設展示では2004（平成16）年11月から音声ガイドの提供を行っている。当初は携帯情報端末（PDA）を用い，4カ国語（日本語，英語，韓国語，中国語）で音声と文字による展示解説の情報を提供していた（図11-4）。解説の対象となる展示エリアに入ると赤外線通信機能により該当する展示解説が自動で選択されるようになっており，端末に番号を入力することなく音声ガイドを利用することができた。PDAにはほかにも画像表示や動画再生の機能があるが，展示をしっかり見ることを促すことが重要であり，PDAの画面ではなく展示する標本資料に視線を集中させるために音声中心のガイドとした[7]。PDAの画面については音声の要約を表示することで，聴覚障害者の方も同じ端末を利用できるほか，音声の一部を聞き逃しても内容を理解したり，専門用語の漢字を見て理解したりすることも考慮した。その後端末の老朽化に伴い，タブレット端末によるサービス「かはくナビ」に変更し，音声中心という当初の趣旨とは異なるマルチメディアガイドに変化した。さらに2020（令和2）年の新型コロナウイルス感染症拡大の影響により端末の貸出しができなくなると，来館者が所有するスマートフォン等を利用し，館内の専用Wi-Fiに接続することにより展示解説や館内の混雑状況を画面上で確認できるサービス「かはくHANDY GUIDE」を開始した。このサービスでは音声ガイドの内容を音声ではなく画面上に文字で表示している。

---

7) Lois Lydens, Yasuji Saito, and Tohru Inoue（2007）. Digital Technology at the National Science Museum of Japan. Journal of Museum education, 32(1), pp.7-16.

第 11 章 科学系博物館における情報・メディア | 201

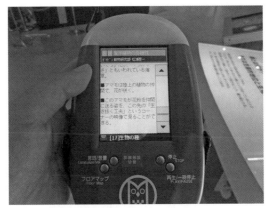

図11-4　国立科学博物館常設展示の音声ガイド（導入当時）

　このように，音声や文字データがデジタル化されていることで，提供するハードウェアや社会状況の変化に対応することが容易となるが，新しい技術を導入するために，誰に何のためにサービスを提供するか，という基本的な考え方まで変更するかどうかは慎重な検討を行うべきだろう。

5．インターネットを活用した展示情報の発信

　国立科学博物館では，常設展示におけるキオスク端末の展示解説の一部を，ウェブサイトでも閲覧することが可能となっているほか，展示されている標本資料について検索できる「常設展示データベース」[8]を公開している。

　また，2020（令和2）年からは「おうちで体験！かはくVR」[9]という，Matterport社が開発したデジタルツイン技術による，専用の3Dカメラで撮影した展示室の高画質の画像を，実際に館内で展示を見るような感覚で閲覧できるサービスの提供を開始した。パソコンやスマートフ

8）https://db.kahaku.go.jp/exh/　（2023年5月9日最終確認）
9）https://www.kahaku.go.jp/VR/　（2023年5月9日最終確認）

ォンではさまざまな角度から展示を見られる 3D ビューで，VR ゴーグルを使うことでより没入感のある VR 映像として閲覧可能である。常設展示の他，終了した一部の企画展についても撮影を行い，公開している。実在する展示を撮影することで構成するこのようなバーチャル展示は，来館が難しい遠隔地の人々へのサービス提供という面と，終了した展示をデジタルアーカイブとして残すという機能も併せ持つ[10]。

　さらに，実空間にはないバーチャル展示をインターネット上でのみ公開する取り組みもある。2022（令和 4 ）年 4 月に公開した「THE WILDLIFE MUSEUM ヨシモトコレクション VR」[11] は，常設展示室では公開しておらず，収蔵庫に保管されている哺乳類の剥製 3D モデルを自由な角度から閲覧できるサイトである。また，2023（令和 5 ）年 3 月には，「たんけんひろば　コンパス VR」[12] というバーチャル展示室をインターネット上に公開した。これは，仮想空間を制作するためのプラットフォームを用い，前述の「おうちで体験！かはく VR」で撮影した日本館建物のデータを基に再構築したバーチャル空間が入り口となっている。バーチャル展示室に入ると，国立科学博物館に展示されているティラノサウルスの全身骨格や哺乳類の剥製標本，収蔵庫に保管されている剥製標本などから得られた 3D モデルが展示されている。展示といっても，3D データをさまざまな角度から閲覧できるだけでなく，ティラノサウルスの全身骨格が空間内を歩き回る様子を観察したり，剥製を正しい展示台に並べたり，ウシやシカの仲間の正しい角と体を組み合わせたりするメニューが含まれており，バーチャル空間ならではの体験を意識して作られたものである。

　同じくこのプラットフォームを用いることで，アバターと呼ばれるユ

---

10) 中島徹，2023.『かはく VR』の開発の経緯とさまざまな活用，3DVR 技術で展示をアーカイブすることの意味. デジタルアーカイブ学会誌，Vol.7，No.2，pp.86–89.

11) https://www.kahaku.go.jp/3dmuseum/yoshimoto-vr/（2023年 5 月 9 日最終確認）

12) https://www.kahaku.go.jp/3dmuseum/compass-VR/

ーザーの分身を操作しながら展示を閲覧，体験するメタバース上のバーチャル企画展やギャラリートークなどのイベントを有料，無料を問わず定期的に開催することも可能である。これらのバーチャル展示は，保存や輸送などの制約から実空間での展示が難しい資料を公開したり，将来の展示企画に向けたシミュレーションとして活用したりすることが可能となり，単なる情報のデジタル化を超え，サービスや業務プロセスの改善や変革，いわゆるデジタルトランスフォーメーション（DX）につながる取り組みと言える。

6. まとめ

　本章では国立科学博物館を例に，多様な来館者の多様な学びのニーズに応える情報発信の方法としての展示について解説を行った。

　博物館はさまざまな世代・ライフステージの人々が利用する。それぞれの利用者が求める情報は異なり，博物館は展示する資料に対して多様な角度からの情報提供が求められている。また，実空間の展示を利用することが難しい人向けには，インターネット上での情報発信も重要である。

　実空間の展示では，限られた空間に多種多様な情報を提供するには，情報の種別を整理する，情報の階層化を行う，情報通信技術を活用し，さまざまな情報機器を導入する，という工夫により，多様な利用者の学びというニーズに応える展示を実現することができる。

　来館が難しい人向けには，実空間を撮影することにより構築したバーチャル展示や，メタバース等の仮想空間に新たに構築したバーチャル展示といった選択肢の多様化により，幅広い利用者に対応することも可能となる。

　また，従来から活用されている，人による解説や印刷物なども引き続

き活用することにより，博物館が持つメニューが広がり，より多くの人に楽しみながら学ぶ機会を提供することができるようになる点も忘れてはならない。

12 | 生き物の博物館における情報・メディア

鶴見英成

《学習のポイント》 生物標本の展示にはさまざまな手法があるが，生きた生物を飼育する生態展示は，種の保存に寄与している点，見る者の感性に大きく働きかける教育的効果を持つ点，生物の行動や生態や医療にまつわる研究が展開されている点，そしてレクリエーションの要素が求められる点などが特徴的である。
《キーワード》 生態展示，動物園，水族館，植物園，動物福祉，環境エンリッチメント

1. はじめに

本章では，生き物を生きたまま保有している動物園，水族館，植物園などを取り上げる。これらは余暇を楽しむ施設，憩いの場といった印象が強いかもしれない。しかし，日本の博物館法の第2条は「博物館とは何か」を定義する条文で，資料を保管するという機能に関して「育成を含む」と但し書きを入れ，生きた状態の生物がコレクションとなりうることが示されている。育成と一口に言っても，採集や購入によって集めるだけではなく，誕生の時点から見守ることもあり，また，生物は時には健康を崩し，時には繁殖し，いつか必ず死を迎える。そのため生きた生物をコレクションする館には，他種の博物館と大きく異なった特徴が見られるのである。まず本章では，これらの日本での成り立ちを概観する。また，動物園に焦点を当てて情報・メディアに関してどのような特

徴があり，どのような課題を抱えているのかを考える。

2．生き物の博物館の成り立ち

（1）日本の博物館の分類

　日本全国の多くの博物館を対象にした「日本の博物館総合調査」が，ほぼ5年おきに行われている（公益財団法人日本博物館協会，2020）。この調査では，生き物を育成する博物館は，動物園，水族館，植物園といった館種を分けて，それぞれの施設数や運営状況などを集計している。

　動物園と水族館は本来，使命を共有する連続した組織だが，水槽での飼育展示を中核とした施設が水族館と呼ばれている。欧米では動物園の内部に水族館が設置されることが一般的だが，日本では次第に両者の分離が進んだ。これは水槽での飼育管理には特に多くの費用がかかるという経営上の理由によるところが大きく，後述する日本動物園水族館協会という組織に見るように，実際の活動においては両者の連携は強い。植物園は，これら動物園や水族館とはあまり密接でない。ただし，動物の育成と植物の育成の両方を行う施設もあり，先述の調査においては「動水植」というジャンルとして扱われている。これらの施設の活動を理解するために，次項では，その成り立ちの歴史的経緯，施設を越えて園や館をつなぐ会議について解説していく。

（2）植物園の歴史

　日本で特に成立の早かった植物園のほうから解説する。世界的に植物園の始まりは薬草の研究と深く関わっている。江戸時代の日本で薬草の研究をしていた本草学者たちは，野山に分け入り，野生の植物を主な対

象として活動していた。徳川幕府は江戸に薬草を育てる薬園を設けたが，本草学の研究拠点というより，薬草を栽培して製薬を行う実務的な機能が強く，我々の知るような博物館としての植物園とは異なるものだった。現在の東京都文京区に置かれた小石川薬園は1684年から運営されてきたが，明治政府のもとで大学校の付属組織として位置づけられ，次第に性格が変化していった。薬草に限らず，広く植物を集めて育て，研究することが目的となったのである。1985（明治8）年に小石川植物園という名前が使われるようになり，2年後に創立された東京大学の施設となり現在に至る。大学内において，薬学部ではなく理学部が主に管理する施設として位置づけられたのは，薬学ではなく植物学の研究拠点としての性格を表している（大場編，1996）。

（3）日本植物園協会

　その後，日本全国に植物園が展開するが，1947（昭和22）年に活動を始めた日本植物園協会という組織を通じて，多くの園がネットワークを形成している。この協会の目的は，植物園と植物に関する研究および教育，そして植物多様性の保全，植物園の補助となっている。正会員となっている植物園や団体は四つに分けられる。第一分野の学校園は，小石川植物園のように研究機関に所属する植物園である。第二分野は国立公園などで，しばしば大規模であり幅広い種を公開する。第三分野の私立園は，会社や個人が経営するもので特定の種に特化させた事例が多く，しばしば憩いの場としても親しまれている。第四分野の薬用植物園はやや事情が異なり一般公開の機会は限られていることが多い。かつての薬園の流れをくむ施設で，大学の薬学部などの専門的な教育研究に特化しているため，毒草もあって危険だからという理由である。

（4）生物多様性の保全

　日本植物園協会の活動目的の一つに挙げられていたように，生き物を育成する博物館に期待される役割の一つが生物多様性の保全である。2002（平成14）年には，絶滅危惧種植物の60％を本来の生息地外で保全するという国際目標を達成している。このように，生物の育成は国際的な視野で目標を掲げ，取り組む活動なのである。

（5）動物園の歴史

　日本における動物園の成り立ちは植物園とは異なり，当初から研究の目的が強かったわけではない。1873（明治6）年，ウィーン万国博覧会に明治政府が公式参加し，日本の動物を生きたまま展示した。帰国後にそれらを集めて展示公開したのが東京都恩賜上野動物園で，やがてトラなど外国産の動物も加えられ人気が高まった。

　今日でも動物を飼育し一般公開する施設は非常に多様であり，博物館としての性格を備えた業態ばかりではない。19世紀においては欧米において，研究・教育のための動物飼育公開のあり方が模索されていた。「ズー（Zoo）」という英単語は zoological garden の略で，動物学の施設という学術的な意味合いを持つ。一方で王侯貴族による展示場や移動動物園など，学術よりも興行的な指向が明らかな，いわば見世物小屋については「メナジェリー（menagerie）」という語があった。ニューヨーク市においては，従来のメナジェリーに代わって質の高いズーを創り出そうと，1899年にブロンクス動物園が創設されたが，野生動物を展示するだけでなく，保護するという目的を当初から掲げていた。

3. 動物園の現状と課題

（1）動物園の役割

　このように20世紀初頭にアメリカで，動物園の果たすべき役割について議論が高まり，以下の4点が掲げられるようになった。

1. 種の保存
2. 教育・環境教育
3. 調査・研究
4. レクリエーション

　日本で2012（平成24）年に発足した日本動物園水族館協会（JAZA：Japanese Association of Zoos and Aquariums）は，2023（令和5）年時点で合計140の園館が正会員として加入している大きな組織であり，上記の4点の推進を役割としている。JAZAは，1935年に発足した国際組織の世界動物園水族館協会（WAZA：World Association of Zoos and Aquariums）の会員である。こういった組織同士のつながりを通じて，日本のさまざまな動物園・水族館が，特に欧米を中心として国際的に展開される議論に加わっている。

　一方で，この協会に参加しない，あるいは脱退した園館も存在するが，それは単純に動物園として役割を果たせていないということではない。例えば，今日，国際的に重要視されている課題として，飼育されている動物たちが幸福であるかどうかという論点がある。これに関して，動物をいかに収集するか，いかに展示するかといった園館ごとの方針が，必ずしも世界的な論調と合わないことがあるためである。具体例であるが，近年，追い込み漁で捕らえたイルカを飼育する日本の水族館が国際的な批判にさらされている。しかし，これは単に個々の園館の方針というよりも，グローバリズムとローカリズム，つまり欧米と日本の間

にある文化の違い（人間にとって動物とは何か？主張は言語化できなくてはいけないか？など）という大きな問題の表出だという指摘もある（佐渡友，2022：113-120）。生命とどう向き合うかという，人類全体の課題に直面するがゆえに，動物園をめぐる議論は尽きないのである。

（2）動物園の現場

　生きた動物を飼育するということは，それ以外の博物館と違い，このように大変特徴的な大きな課題と向き合うことになる。その実態について，獣医師の竹鼻一也さんにインタビューし，勤務経験を踏まえてお話を伺った。以下，その内容に沿って概説する。

　動物園の専門的な職員の役職名として，動物の飼育を担当する飼育員，動物の治療を担当する獣医師の二つが主たるものである。動物園の規模によっては，これらの役割が明確に分かれていない場合もある。また海外では研究，造園，動物の餌の管理をする栄養士など，多様な専門家が採用されている事例もある。

　動物園の1日の流れの例を挙げる。出勤後，飼育員は作業着と長靴に着替え，前日や当日の朝の動物の様子を情報共有した後，業務に入る。朝一番に動物たちの餌を準備し，餌を運んだ後，掃除を行う。掃除では排泄物や残った餌の回収を行い，新しい餌を与える。この作業の順序は動物や飼育員によって異なる。例えば，餌を食べている間に掃除するほうが効率的な場合や，掃除後に餌を与える必要がある場合がある。合間に来園者への解説やイベントをこなしつつ，閉園まで飼育作業を行う。この過程で各自が動物たちのさまざまな情報を得ることになる。

（3）動物園における情報管理

　動物園では，だいたいどの飼育員もトランシーバーのような無線機を

持っていてスタッフ同士で動物の状況を共有できるようになっている。朝夕の動物の状態，餌の量や残り，排泄物の量，動物の健康状態などの情報である。動物園の動物は，博物館の展示物とは異なり常に状態が変化するため，その時々の情報が重要である。最低限，朝と夕方の状態と，動物の一番近くで観察できる情報を記録し，無線で共有する。例えば，体調不良の動物がいる場合は，無線で迅速に情報が伝えられる。

　また，健康診断を定期的に実施し，健康な状態をしっかり観察・把握しておくことで，見た目では分からない潜在的な不調も検出できるよう努めている。健康なときの些細な情報であっても蓄積しておけば，寿命を終えた後も，同じ種を飼育する機会があれば貴重な情報源になる。長期的な視点で情報を蓄積することが重要であり，こうした記録は動物の生涯にわたり保存され，次世代の飼育に活用される。また動物園は動物取扱業に該当するため，保健所への報告義務があり，飼育施設の異常の有無も日々確認し，必要な記録が作成されている。

（4）動物園における研究

　動物園ではどのような研究が行われているのか，以下の三つの代表的な分野の事例を紹介する。

1）行動学

　行動学の分野の研究は，生きた動物の観察を行う。動物がどのように体を動かして歩いたり，走ったり，泳いだりするかを研究することは野生動物でも可能だが，時間，費用，労力がかかる。一方，動物園ではその観察が比較的容易に行えるため，こうした研究が盛んに行われている。特に希少な野生動物の行動を近くで観察できることは，研究の進展に大きく寄与している。例えば，動物園でワニの歩き方を詳細に観察し，四肢の動きと足跡の関係を解明することによって，恐竜など絶滅動

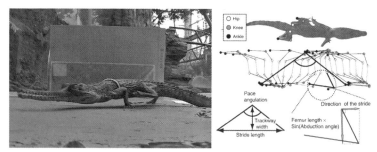
図12-1　（左）恩賜上野動物園でのワニの歩き方の観察（久保泰さん提供）にもとづき，（右）四肢の動きと足跡の関係を論ずる（Kubo and Ozaki 2009: Fig. 1）

物の足跡化石も対象として，歩行の進化にせまる研究例などもある（図12-1）。

2）種の保存

　動物園の重要な役割の一つである種の保存に関して，当然さまざまな研究が行われる。希少な動物を繁殖させるためには，オスとメスが交尾し，子どもを産むというプロセスが不可欠であるが，どの条件が最も繁殖に適しているか，また出産後に子育てしやすいかといった具体的な条件は，多くの動物においてまだ十分に解明されていない。繁殖に関しては，ホルモンや血液成分の測定など専門的な分析が必要となるが，動物園自体が研究施設を持つことは日本では稀である。そのため大学と連携し，大学の研究者らが専門的な工程を担い，動物園のスタッフが動物から試料を採取して提供する形で多くの研究が進められている。

3）ハズバンダリートレーニング（husbandry training）

　日本の動物園では，研究体制が十分でない事例が多いが，動物園を拠点に活発に研究が進んでいる分野もある。その一例がハズバンダリートレーニングである。これは医療行為や世話をする現場で，動物に無理な

図12-2　ハズバンダリートレーニングの様子
柵越しに採血できると作業中の事故を防げる。
採血しやすい姿勢にゾウを誘導する例（日野ほか，
2024図3）

姿勢や動きを強いるのではなく，人間の指示に従って協力的に動くよう促す訓練である。例えば，採血の際，人間であれば申し出に対してすぐに腕を出すことができるが，動物に対してはトレーニングを行い，自然と採血に対応できるよう，また作業が安全にできるよう訓練するのである（図12-2）。こういったトレーニングは，いろいろな動物の種類で盛んに行われているが，動物の種類によって慣れやすさに差があるため，どの方法が適切かを試行錯誤しながら研究が進められている。ハズバンダリートレーニングの研究は，飼育員が実際に現場で動物と関わりながら記録してまとめて考察するという流れになるため，どちらかというと動物園自体が主体となって進められることが多い分野である。

（5）動物の死と病気の研究
1）解剖に関する研究

　飼育された動物も，いずれは死を迎える。飼育に関わる人々は，その悲しみを抱えながらも，貴重な情報源として遺体と向き合う。獣医学の一分野である解剖学では，動物の死因を究明するために解剖が行われることが多い。病気の原因を解明し，その情報を蓄積することは当然重要であるが，特に珍しい動物の場合，骨の数や内臓の位置など，その種に関する貴重な情報が得られる機会でもある。解剖後，動物は剥製や骨格標本として保存され，博物館で展示されることもある。また骨とは異なり，筋肉や内臓などの腐敗しやすい組織は，遺体解剖の際にこそ研究が進展し，また液浸標本などの形で博物館に情報を残す機会にもなる。そのため死因の解明だけでなく，生物学や系統学などさまざまな研究課題への貢献のために，遺体解剖の機会を研究機関に提供してくれる園館もある。

2）治療や病気予防に関する研究

　野生動物の治療や病気予防に関する研究は，犬や猫，牛，馬といった家畜やペットに関する獣医学とは異なり，蓄積された情報が非常に少ない。そのため，動物が病気になった際にどのような症状が現れ，どのような治療を行った結果，どういった経過をたどったかといった一つひとつの事例が非常に貴重なデータとなる。このような情報を蓄積し，整理・分析することが，動物園における重要な研究の一つとなっている。

　獣医師の竹鼻さんの研究事例を紹介する。アジアゾウには致死率の高いウイルス性の病気があり，発症すると1〜2日で死亡してしまうことが多い。この病気は，はっきりとした症状が現れないうちに急速に悪化するため，早期の診断が困難であった。従来のPCR法を用いた診断は血液サンプルを分析し結果が出るまで1日から2日かかるため，その間

に容体が悪化してしまうケースが多かった。しかし実際は，PCR法と同じ原理を使いながらも1時間程度で結果が出る遺伝子増幅法が日本で開発されていたので，竹鼻さんはそれをこのウイルスの病気に応用できないかを研究して，より迅速な診断法を確立したのである（竹鼻ほか，2022）。この新しい診断法により，ゾウの健康診断を日常的に実施できるようになり，発症後すぐに治療を開始することが可能となった。この診断法は現在，複数の動物園で導入され，実際に活用されている。この研究の進展にあたっては，国内外の動物園から多くのアジアゾウの血液サンプルの提供を受けることができたという。

（6）動物園間の情報交換と共有

　動物園や水族館では，同じ動物を飼育している施設やスタッフ同士が，情報を交換する機会が多い。飼育動物に関する情報を交換することで，サンプル提供や研究協力が頻繁に行われている。こうした交流は日本国内に限らず，海外の動物園や野生保護区のスタッフともしばしばつながり，野生状態の動物の行動や生活に関する情報も共有されている。情報交換の場としては，日本動物園水族館協会主催の勉強会や，獣医学会などの公式なものもあれば，個人的にメールでやり取りをすることもある。また，全世界の動物園や水族館が情報を共有できる「Species360」というオンラインシステムも存在する（Species360ウェブサイト）。日本から参加している施設はまだ限られているが，飼育動物に関するデータを集約し，国際的に情報共有が進められている。

（7）動物園の意義と動物福祉

　日本動物園水族館協会の掲げる四つの役割に即して，現在の日本の動物園の状況をどう見るか，竹鼻さんに意見をうかがった。まず，調査・

研究とレクリエーションのバランスが懸念されるという。多くの動物園では資金を主に入園料に依存しており，来園者の期待に応えるため，活動方針がレクリエーションに偏ってしまいがちであり，そのために研究に費用をかけることが難しい，というのが現状である。種の保存については，オスとメスを飼育して繁殖させるに至らなくても，生息地が脅かされている場合には，たとえどちらか1頭でも保護し続けること自体に意義があり，多くの園館が努力している状況だと評価できる。そして教育に関しては，直接目で見て，動物の存在を感じることは，言葉では伝えきれない深い教育的価値を持っており，動物園が生き物を飼育する意義の一つである，と竹鼻さんは強調する。

　動物園の必要性については，動物を図鑑や映像で見れば済むとの意見もあり，長年議論されている。突き詰めると，人間が動物を飼育することが正当なのか，という問いにもつながってくる。この課題に，世界の動物園関係者は向き合い，あるべき動物園の姿を目指して自己評価する仕組みを作ってきた。それが動物福祉という概念である。世界動物園水族館協会が引用した，国際獣疫事務局（OIE）による定義では以下のように説明されている（一部抜粋）。

　動物福祉は，動物が自分の生きる状況にどのように対処しているかを意味します。その動物が（科学的な証拠によって示されるように）健康で，快適で，栄養状態がよく，安全で，本来の行動を表すことができるならば，そして，痛み，恐れと苦悩などの不快な状況で苦しんでいないならば，その動物は，よい福祉状態にいます（世界動物園水族館協会，2015：18）。

　動物福祉は五つの領域から構成されると考えられる（図12-3）。第1

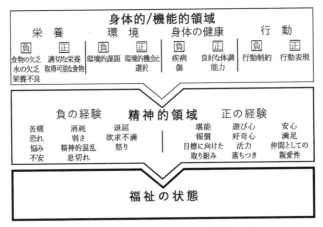

図12-3 動物福祉の五つの領域モデル
（世界動物園水族館協会，2015 図1.1.より著者作成）

に栄養，第2に環境（継続的に快適か），第3に身体の健康，第4に行動（やりがいのある選択を取れるか）の領域である。それら全てを踏まえた上で第5の領域，すなわち精神的領域において，正の経験（安全から生まれる自信，そして報われたという感覚を高める喜びなど），あるいは負の経験（脅威によって誘発される恐れ，隔離がまねく孤独感，刺激の少なさによる退屈感など）という，動物にとっての主観的な経験へとつながる。この全体が，その動物にとっての福祉の状態を表しており，心身ともに幸福であるように飼育環境を整えることが望まれる。

その際にキーワードとなるのが環境エンリッチメントである。動物が生活する環境を豊かなものにすることであり，野生状態における食，健康状態，行動をとれるような飼育・展示の方法が求められる。

1）ランドスケープ・イマージョン（landscape immersion）

ランドスケープ・イマージョンとは，土壌や植生，遠景なども含めて

図12-4　ランドスケープ・イマージョンの例
（Valencia Bioparc, スペイン）（Wikipedia より）

　生息環境を再現し，柵などの人工物を極力目立たなくして，自然環境に没入して野生動物を観察するかのような体験のできる展示である（図12-4）。先駆的な事例は1970年代のアメリカにあるが，その探求の歴史は長い。19世紀を通じて動物学の主たる関心は，進化系統だけでなく，それぞれの生息環境における生態へと広がった。それに伴い欧米の動物園は，分類系統に即して動物たちを区分し，種の特徴を観察しやすいように柵で囲むという従来の展示を見直し，生息環境を反映させた「生態展示」が模索されるようになったのである（若生　2023）。

2）行動展示

　行動展示は，動物が野生下で生き残るために行う行動を，動物園内でも引き出そうとする展示方法である。動物園の動物は安全な環境にいるため，野生状態における行動をとらなくなる傾向があるが，運動不足などで心身の健康を損ねる恐れがある。適度なストレスがあることによって，野生の状況と同様に運動や周囲への注意が促されるが，行動展示の

目的はそのような環境の創出にある。例えば，チンパンジーが受動的に
餌を受け取るのではなく，自主的に道具を使って餌を獲得させる，とい
った工夫が行われている。なお，飼育員や来園者など人間との触れ合い
自体もストレスとなるので，適度なストレスとなるよう考慮する必要が
ある。

3）動物園の課題と今後の展望

　動物福祉を満たすよう努力する動物園は，その取り組みを園館の特色
としてメディアで発信し，集客につなげるという流れが進んでいる。情
報技術の発展により，動物園や水族館の情報発信が活発になり，特に
2020年代の感染症の影響で，動画配信やSNSが普及したことも大きな
背景である。しかし，無料のコンテンツで満足してしまう来園者が増え
ると，動物園の経済的な存続に影響を及ぼすリスクもある。もしも実際
の動物の飼育や展示が，記録映像や再現映像の公開で代替されるように
なれば，技術の継承や研究が途絶しかねない。実際に動物園に足を運
び，学ぶことの重要性が再認識されるよう，動物園は教育施設として広
く認知されるために努力する必要があるだろう。

4. まとめ

　本章では，生き物を育成する博物館，特に動物園の成り立ちと役割に
ついて述べ，情報・メディアに関する特色を概観した。動物園は他の博
物館と異なり，生きた生物を飼育し展示する点が特徴であり，これは来
館者の感性に強く働きかける。また，生き物の行動や健康状態をリアル
タイムで観察し，情報を蓄積する場としても重要である。環境教育や生
物多様性の保全にも当事者として寄与しており，動物の繁殖や行動観察
や医療の研究も行われている。

　デジタル技術の進展により，情報の発信方法が変化しつつあるが，直

接的な触れ合いを基軸としつつ，どのように訴求力を高めていくかが大きな課題と言えよう。

参考文献

大場秀章編『日本植物研究の歴史―小石川植物園300年の歩み』（東京大学総合研究博物館，1996年）（東京大学総合研究博物館ウェブサイト掲載 Web 版　https://umdb.um.u-tokyo.ac.jp/DKankoub/Publish_db/1996Koishikawa300/　2024年9月29日確認）

公益財団法人日本博物館協会（編）『令和元年度日本の博物館総合調査報告書』（公益財団法人日本博物館協会，2022年）https://www.j-muse.or.jp/02program/pdf/R2sougoutyousa.pdf　（2024年9月29日確認時点での最新版）

佐渡友陽一『動物園を考える　日本と世界の違いを超えて』（東京大学出版会，2022年）

竹鼻一也・川上茂久・Chatchote Thitaram・松野啓太「アジアゾウの Elephant endotheliotropic herpesvirus（EEHV）関連出血病」『日本野生動物医学会誌』27(1)，17-27．（2022年）

日野稜・中本旅人・川瀬啓祐「直接飼育下のアジアゾウの身体的ケアを目的とした柵越しのハズバンダリートレーニング」『Zoo Science Journal（ZSH 動物園学紀要）』1：42-45（2024年）

若生謙二「第10章　動物園の展示と設計（1）：アメリカと欧州」佐々木亨・今村信隆編著『博物館経営論（'23）』（放送大学教育振興会，2023年，pp. 186-206）

Mellor, D. J., Hunt, S. & Gusset, M. (eds) *Caring for Wildlife : The World Zoo and Aquarium Animal Welfare Strategy.* (WAZA, 2015). （日本語版・世界動物園水族館協会『野生動物への配慮：世界動物園水族館動物福祉戦略』2015年）　https://www.waza.org/wp-content/uploads/2019/03/WAZA-Animal-Welfare-Strategy-2015_Japanese.pdf（WAZA ウェブサイト，2024年9月29日最終確認）

Species360 ウェブサイト　https://species360.org/（2024年12月10日最終確認）

13 美術館における情報・メディア

大髙　幸

《学習のポイント》　美術館における情報には，美術館自体，資料である美術作品や，教育機会，利用者とのコミュニケーション等に関わるものがあり，これらの情報を利用者が館内・館外で活用する場合によりさまざまなメディアがある。その具体例を参照しながら美術館の取り組みや課題を検討する。
《キーワード》　収蔵品，鑑賞，触覚による鑑賞，触察，複製，キャプション，VR，触図，オンライン鑑賞プログラム，企画展，パブリシティ，広告，ソーシャルメディア

1. 美術館に関わる情報・メディア

（1）美術館に関わる情報とメディア

　美術館が発信する主な情報には表13-1のようなものが挙げられる。美術館は，これらの情報を，館内の案内板や展示品の鑑賞に役立てるための展示補助教材（ラベル，解説パネル《キャプション》），オーディオ・ガイド，モバイル端末，パンフレット，ワークシート等），学芸員や外部専門家による教育プログラム（講演会やワークショップ），図書室，館外における広告用のポスターやチラシ，図録や美術書，紀要，年報等の文献，新聞，雑誌，テレビやラジオ等のマス・メディア，インターネット上の情報サービス機関，館のウェブサイト等，多様なメディアを通して提供している。

表13-1　美術館が発信する主な情報

項　目	主　な　情　報
美術館	概要，コレクション，施設，利用案内，活動内容，展覧会，教育プログラム，研究成果等
収蔵品	作者，タイトル，制作時期，技法，材質，寸法，来歴（所有者歴），展覧会出品歴，文献掲載歴，関連する作品や作者，収蔵品番号，展示中かどうか，修復歴等
展示品	作者，タイトル，制作時期，技法，材質，寸法，所有者，社会・文化的意味等
展覧会	タイトル，趣旨，サブ・テーマ，主要展示品，展示品リスト，会期，会場，入場料，関連プログラム，研究成果や掲載文献，図録（展覧会カタログ），主催者，支援者，協力者等
教育プログラム	趣旨，開催時期，場所，対象者，人数，形式（講演会，ワークショップ等），費用，申し込み法等
利用者	利用者からのよくある質問，意見等

　とりわけ，収蔵品（資料）に関連する詳細情報を発信することを，美術館は大いに期待されてきた。国立西洋美術館（台東区）の川口雅子情報資料室長（2014年当時）は，美術作品の歴史的文脈や価値を把握し，新たな価値を提供し続けていくために，美術作品に固有の重要な情報として，来歴，展覧会出品歴，文献掲載歴を挙げ，文書や文献資料が重要な役割を果たすと指摘する（2014）。今日では，欧米の博物館（美術館を含む）を中心に過去に略奪や違法取引があったと判明した美術作品等を返還する動きが広がっている。収蔵品の来歴に細心の注意を払わなければならないこうした状況に，日本の美術館も例外なくさらされている。美術館が，こうした収蔵品関連情報を発信するためには，それらの情報を収集し，内部で一元管理し，検索システムを構築することが前提となる。このことは，収蔵資料の関連情報を公開する博物館全般に当てはまる。なお，所蔵資料のドキュメンテーションやデジタル・アーカイ

ブズに関しては，第4章を参照のこと。

（2）　鑑賞におけるメディアとしての美術作品

　ここでは，美術館の資料である美術作品をモノとしての観点から鑑賞する際の，情報とメディアについて検討しよう。博物館は，視覚により資料を鑑賞することが中心の，視覚優位の文化施設と言われてきたが，その最たる例が美術館である。そこでは，作品保護のため，来館者にガラス越しや柵越しに美術作品を鑑賞することを求めがちである。けれども，美術作品の多くは，例えば平面の絵画であっても，その表面にはさまざまな起伏や肌理（きめ）が存在する造形芸術である。造形芸術は，制作者がその意図を媒体（メディア）（絵画における絵具や彫刻における石や木材等の物質）を通して表現する類の芸術であり，作品自体が制作者の意図を表現するメディアでもある。来館者がガラス越しに美術作品を鑑賞（含味）する場合，メディアとして作品が本来有する情報のうち，視覚情報に偏って作品の真価を味わおうとしていることになる。

　来館者が美術作品に触れて鑑賞（触察）するには，作品保全・来館者の安全確保上，種々の配慮を必要とする。しかし，触覚による鑑賞は，視覚では得られない情報（作品表面の肌理や弾力性，温度等）をじっくり味わうことを誘い，作品の特徴や新たな価値の発見につながる。触覚による作品鑑賞の重要性を認識する国内外の博物館（美術館を含む）は増加しており，多様な取り組みをしてきた（大髙，2022，pp.158-165）。

　日本の早い例では，兵庫県立美術館（神戸市）が，1989（平成元）年以来，収蔵または現代作家からの借用による彫刻作品等に触れて鑑賞できる展覧会シリーズ『美術の中のかたち―手で見る造形』を継続的に開催してきた。彫刻やインスタレーション等の立体作品の場合，指先や手の触覚による鑑賞だけでなく作品の周囲を歩き回ってさまざまな角度か

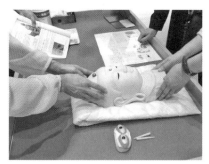

図13-1　京都国立博物館の「ミュージアム・カート」

ら鑑賞することも新な発見につながる。万人にとって有意義な取り組みである。

　また，京都国立博物館（京都市）は，すべての人にやさしい博物館を目指している（京都国立博物館，2014）。その一環として，新館の平成知新館を開館した2014（平成26）年から，同館の展示室近くのホールに2～3カ所，常設展示されている美術作品の素材や複製等に触れて鑑賞できる「ミュージアム・カート」というワゴンを用意している。図13-1は，海外からの観光客の一行が，鎌倉時代の仏像の水晶の眼がどのようにはめられたかを知るために，カートに常駐の京博ナビゲーターの解説に沿って，仏像の顔の模刻の裏側から樹脂製の眼をはめ，その仕組みを学ぼうとしているところだ。この試行体験は，仏像の制作技法に関する来館者の理解を深め，鑑賞の一助になっていると言えよう。

（3）キャプション

　ICOMの2022（令和4）年の博物館の新定義で新たに明記されたことの中には，美術館を含む博物館が，有形および無形の遺産［資料］を「解釈」することと，「倫理的かつ専門性をもって［公衆と］コミュニケーションを図」るということがある（第7章）。美術作品の鑑賞では，

第13章　美術館における情報・メディア　|　**225**

作品のタイトルや作家名，制作年等の作品情報を記すラベルだけでなく，解釈を含む解説文を美術館が作品の近くで提供する作品の解説パネル（キャプション）もメディアとして重要な役割を果たす。

1万7千点のコレクションを誇る福岡市美術館（1979《昭和54》年開館）は，2年半の休館を経て，「つなぐ，ひろがる」というコンセプトを掲げ，2019（平成31）年3月に開館40周年のリニューアルオープンをした際，キャプションを「いつも作品の隣にある」利用者と作品を「つなぐ」ツールと位置づけ，コレクション展示の各作品のキャプション[1]を100字以内のものへと刷新した（﨑田，2020）。例えば，古美術作品の野々村仁清＜色絵吉野山図茶壺＞（重要文化財）（図13-2）のキャプシ

図13-2　野々村仁清
＜色絵吉野山図茶壺＞
17世紀　重要文化財
（福岡市美術館蔵）

仁清（にんせい）の色絵茶壺の中では大振（おおぶ）りに属する。穏やかな起伏をみせながら幾重にも重なる吉野山の山並を正面に配し，周囲には爛漫（らんまん）と咲き乱れる桜花の様子を山肌に沿って花びらで描くという巧みな象徴的表現で表している。大和絵（やまとえ）を思わせる穏和で華やかな絵画的意匠は，見るものを陶然（とうぜん）とした雰囲気に引き込まずにはおかない。

図13-3　リニューアル前のキャプション

日本一の桜の名所，奈良の吉野山。その満開の絶景が，豊満な壺の表面いっぱいにデザインされている。緑，黄，赤，青，さらに金と銀まで用いる華やかさ。一部に黒くみえる花は，銀が酸化したもの。

図13-4　リニューアル後のキャプション

---

1) 本節に掲載の新旧キャプションは，いずれも福岡市美術館提供。

ョンは，図13-3から図13-4へと刷新された。

また，一般的なキャプションとは異なる，学芸員しか知らないエピソード等を利用者に直接語りかけるように巧妙な語り口で記した，学芸員の似顔絵つきの「おもしろキャプション」も同時に開発し，各コレクション展示室に数カ所配置している。図13-5は，図13-4を書いた同じ学芸員が記したもので，図13-6は，作品とキャプションの展示の様子である。

図13-6　展示風景

図13-5　「おもしろキャプション」

館内のアンケートや美術館関係者からは，新しい「100字キャプション」と「おもしろキャプション」に対して概ね好評な意見が寄せられてきた。「100字キャプション」の方針を作成した﨑田明香(さやか)学芸員は，キャプション刷新・製作の過程を振り返り，開館以来40年間でキャプション

について学芸員同士で意見を交わしたおそらく初の試みであり，専門家だからこそ気づかない「当然」に気づいたり，利用者（読み手）の存在を意識する契機になったと指摘し，「つなぐ，ひろがる」をコンセプトにした美術館のリニューアルであったが，まず，学芸員がつながり，ひろがらなければ，何も始まらないだろうと述べるとともに，こうしたキャプション製作の継続が重要である反面，意識を保ち継続することが難しいという課題も挙げた（﨑田，2020）。

　このように，展示室のキャプションは，学芸員の研究成果を利用者に分かりやすく解説して，利用者と作品をつなぐだけでなく，利用者と学芸員，学芸員同士をつなぐ最も身近なメディアでもあると言えよう。

（4）デジタルメディアを用いた美術鑑賞

　今日では，美術作品の複製の製作においても，コンピュータ・グラフィックス（CG）や3Dプリンター等，デジタルメディアや機器が活用され，美術作品の鑑賞の可能性が広がってきている。

　例えば，TOPPANは，新たな絵画鑑賞法を提案すべく，＜ViewPaint＞という3DCGを活用したVR映像システムを2010（平成22）年から構築してきた。その第一弾は，17世紀オランダ，デルフトの画家，ヨハネス・フェルメール（1632-1675）の風俗画＜牛乳を注ぐ女＞（1657-59　油彩　アムステルダム国立美術館蔵）に描かれた絵画空間を，このシステム（2011《平成23》年完成）を用いて探究するというものである（大髙，2018，pp.218-220）。

　鑑賞者は，＜ViewPaint＞を用いて，モニター上の＜牛乳を注ぐ女＞の室内空間の映像を，コントローラー操作により，選んだ部分を拡大し，筆致や輪郭線，色調，光の描き方等を吟味したり，モティーフ（絵画において中心となるイメージ）である女性や，その周りの部屋の様子

を，室内のさまざまな位置で360度，角度および消失点を変えながら観察し，女性のいる空間を体感することができる。

2016（平成28）年12月からはスマートフォン向けにアプリケーションが配信され，利用者の利便性が増してきた。スマートフォン等のモバイル機器では，望遠あるいは広角レンズの選択の違いにより，画家の視点からの画角を変えることも可能である。

これらの操作による画面の変容は，フェルメールと同じ仮想空間内を鑑賞者が主体的に探究することを誘い，この過程を通して，フェルメールの画家としての技量や意図を発見することを促す。

構図や奥行，光，色彩といった絵画の諸要素により，画面を自在に変容できるVR映像システムを構築する際は，研究者の監修が重要な役割を果たす。『ViewPaint フェルメールの《牛乳を注ぐ女》』は，監修者の美術史家小林頼子の研究成果に基づき設計された。例えば，絵画探究のために変容可能な要素は，画家の持ち味を特徴づける事柄から抽出されている。＜牛乳を注ぐ女＞のVR上での探究の可能性には，上記のほかに，フェルメールが制作途上で削除した籠と完成画面に残した足温器とを入れ替えてみることや，光の状況を変えてみることも考えられる（小林，2016）。

さらに，実物の絵画に描かれていない部分等，不明な点のVR映像化は，綿密な考証に基づかないと，誤った映像を制作してしまうことになりかねないため，一層の注意を要する。＜ViewPaint＞では，実物の絵画＜牛乳を注ぐ女＞に描かれていない天井は，フェルメールを始めとするデルフトの画家たちの他の室内画に関する小林の詳細な調査結果に基づき，映像化された。また，画面の正面の壁に描かれたタイルが当時13cm四方の規格品であるという研究結果から，この寸法を基準として，部屋の広さや奥行，女性の位置を算出したという（小林，2016）。

第13章 美術館における情報・メディア | **229**

　TOPPANは，上野の森美術館（台東区）で開催された『フェルメール展』（2018年10月〜2019年2月）での＜牛乳を注ぐ女＞の展示期間と重なる2018年11月〜2019年3月に＜ViewPaint＞を印刷博物館（文京区）で特別展示した。
　こうしたVR映像システムは，実物の絵画との比較対照や，フェルメールの作品のように，鑑賞の機会が稀有な絵画等の鑑賞の可能性を広げると言えよう。
　また，東京国立博物館（台東区）は，文化財活用センターと開発した『8Kで文化財 国宝 聖徳太子絵伝』を2023（令和5）年に自館の法隆寺宝物館に展示した。聖徳太子の生涯を描いた10面の障子絵〈聖徳太子絵伝〉（平安時代 1069年秦致貞作）は，長い年月による損傷のため，肉眼での細部の鑑賞が叶わない。そこで，高精細の複製を作製し，同作品を飾っていた空間自体を再現した。本展示は，鑑賞者が日本語か英語のタッチパネルで選択した絵画のシーンの高精細拡大画像やエピソードの解説，法隆寺や当時の日本の情勢を，大型8Kモニターで探究できるデジ

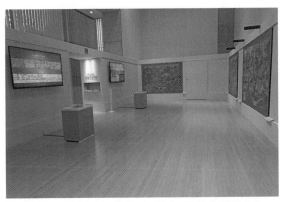

図13-7　『8Kで文化財 国宝 聖徳太子絵伝』

タコンテンツである（図13-7）。文化財活用センターの藤田千織企画課長によると，同センターが実施したアンケートでは92%が満足と回答し，「作品の細部まで見られてよかった。本物を見たとしても漫然と眺めるだけで終わりそうだが，エピソードの詳しい説明があり興味深く見られた。」といった意見や，英語での回答では「英語の解説も各展示品の相互作用も素晴らしい。日本国内でさまざまな展示を見てきたが，このように分かりやすいものは初めてだった。」（翻訳：同センター）といった意見も寄せられた。

　このように，優れたデジタル鑑賞システムは，利用者が探究したい部分を自由に選択できるという，デジタルメディアならではの特徴を活かし，多くの人が美術作品の真髄を主体的に味わうだけでなく，鑑賞を深め得る拠りどころとなる研究成果を知り得る新しいメディアでもある。

2. 愛知県美術館におけるメディアを活用した教育機会例

　美術館を敬遠する人々は少なくない。「場所が遠い」，「美術は難しくて作品の鑑賞は苦手」，「美術は好きだが静かにしなければならないので子どもを連れて行けない」，「病気だから」等，理由はさまざまである。そこで，メディアとしての美術館は，美術や美術館に親しみをもってもらうため，展覧会や展示品，文献の他，さまざまなメディアを活用した教育機会を提供している。ここでは，愛知県美術館（名古屋市，1992《平成4》年設立）の取り組みから，いくつかの事例を概観してみよう。

（1）『視覚に障害のある方との鑑賞会』

　美術館と利用者との相互作用を伴う教育機会には，一般に，人が介在する講演会やワークショップ等のプログラムや，ウェブサイト上で利用者が収蔵品を探索できる検索システムやクイズ等がある。美術作品とい

うメディアの鑑賞過程で会話する等，人が介在するプログラムは，作品や美術館の情報を参加者の関心や必要に応じて提供できるだけでなく，参加者の意見，すなわち参加者側の情報を美術館が聴取できることから，双方にとって貴重な機会としての社会的媒体（メディア）であり，広がりを見せてきた。ここでは，愛知県美術館が1997（平成9）年度から美術館の事業として地域の美術ガイドボランティアのグループ（現「アートな美」）の全面協力により定期的に実施してきた『視覚に障害のある方との鑑賞会』というメディアを検討しよう。

　準備段階では，コレクション展を中心に，展示テーマに沿った鑑賞作品を学芸員が選択し，これらの作品に関する資料を作成して，「アートな美」と共に展示室でリハーサルも実施する。2時間の本プログラムでは，展示室での学芸員による話の後，視覚に障害のある参加者（および介助者）と「アートな美」のボランティアがペアを組み，展示中の絵画や彫刻を一緒に鑑賞し，会場を回る学芸員も時折各ペアに合流する。そして，最後の振り返りでは皆が感想を述べあう。

　鑑賞に用いられるメディア（鑑賞補助教材）には，学芸員が執筆した解説に基づくボランティアによる説明（会話による言語），平面作品の場合，触図（平面図中の事物の輪郭線や大きな面を発泡インクで膨らませた立体コピー　図13-8）があり，絵画では，凹凸や材質の違いで絵柄を触知できる立体絵画（図13-9）が準備されることもある。彫刻作品に触れて鑑賞する触察の機会も提供される。終了時には，大きな印字または点字による学芸員作成の作品解説および触図が各参加者にお土産として提供される。触図は，担当学芸員が各平面作品の見どころは何かを考え，試行錯誤して作成してきた。リハーサルの結果次第で，触図を当日までに修正することもあるという（藤島，2016)。

図13-8　グスタフ・クリムト＜人生は戦いなり（黄金の騎士）＞(1903年　愛知県美術館蔵）の触図（深山孝彰学芸員作成）

図13-9　同作品の展示の前で，同作品の立体絵画（宇田もも・下平知明制作）を触察する参加者

　2023（令和5）年7月のプログラム参加者の感想には，「初めて彫刻を触って，形を想像しやすかった。美術鑑賞は初めて。まだ日が浅いですが，とても楽しく，これからもぜひ参加したいです。触れるというのが本当に楽しいです。」や，「毎回必ずお土産として美術館が作品の点字解説と触図を提供することが素晴らしい。」等があった。本プログラム実施のため，学芸員と「アートな美」はそれぞれが入念な作品研究・視覚に障害のある人の美術鑑賞に必要な準備をするとともに，リハーサル等事前打ち合わせや直後の反省会等，密接に連携してきた。25年以上の協働経験・鑑賞補助資料の蓄積が各回の基盤になっている。

（2）鑑賞を深めるさまざまなメディア

　愛知県美術館は，2011〜13（平成23〜25）年度の3年間，文化庁の補助金を得て，幼児から小中学生向けの鑑賞学習の普及を目的とした事業

と，視覚に障害のある人々が視覚以外の感覚を活用して美術に親しむ機会の提供やその環境整備を目的とした事業を実施した。その間，盲学校や同館でプログラムを実施するとともに，触察本『さわるアートブック』や『素材体感ツール』等の鑑賞ツールを作成した（藤島，2016，p. 55）。図13-9の立体絵画も，この一環として制作されたものである。

主な対象を盲学校の児童・生徒とする『さわるアートブック』（愛知県鑑賞学習普及事業実行委員会，2013年）は，盲学校の教員等の助言を受けながら，県内の7館の美術館の学芸員が協力して，各館の所蔵絵画等作品1～2点を，それぞれ写真，触図および大きな印字・点字による解説で紹介している。

愛知県美術館は，これらの取り組みを継続し，県内8館の美術館が協力して触察本『さわるアートブック②』（愛知県鑑賞学習普及事業実行委員会，2014年a　図13-10）を作成し，これらの図書を地域の盲学校や点字図書館等に配布した。さらに，『さわるアートブック②』に掲載した熊谷守一（1880-1977）の油彩画＜たまご＞（1959年　愛知県美術館蔵・木村定三コレクション）で，盆の上にのった4個の卵とそれらを取り巻く空間を，熊谷が平面上でどう表現しているかを探究するための一連の鑑賞ツール（①実物の盆および絵画と同じ位置・角度で盆上に固定できる石膏製卵4個，②木製レリーフ，③油彩のレプリカ等　いずれも制作：宇田もも）も作成した。図13-11は，これらの鑑賞ツール（下から2番目は『さわるアートブック②』）である。

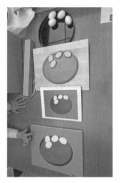

図13-10 愛知県鑑賞学習普及事業実行委員会発行『さわるアートブック』(2013年 左)・『さわるアートブック②』(2014年 右)

図13-11 熊谷守一＜たまご＞における平面作品鑑賞補助教材

　図13-12は，前述の『素材体感ツール』（制作：樋口一成）である。美術作品の素材である木，金属，陶の板の質感や重さ，匂いの違いを探究するだけでなく，付属の滑り台の両脇に素材の板を置き，木製の楕円形の玉を上から転がして，玉が素材の板に当たって奏でる音色を聴くことができる。素材ごとの音色だけでなく，滑り台の角度を変えることで異なる音色も楽しめるようになっている。愛知県美術館は視覚に障害のある児童・生徒の鑑賞ツールとしてこれを開発したが，盲学校では，生活科における日常生活に関わる物の学習のツールとしても活用している。

　また，愛知県美術館は，小中学校での鑑賞学習に役立つ鑑賞学習ツール『あいパック』（愛知県美術館，2012）および『あいパックプラス』（愛知県美術館，2014）を学校教員等と連携して開発し，県内の全小中学校に配布した。図13-13は，『あいパックプラス』で，アートカード（複製），教師用指導書（鑑賞のポイント），ワークシート，ぴったりカード（美術作品の色調に関する「色カード」(16種)，印象に関する「言

葉（感じ）カード」（16種））で構成される（愛知県鑑賞学習普及実行委員会，2014年b）。愛知県美術館はこれらの鑑賞学習ツールの学校での活用に役立つ教員研修も実施し，開発から活用に至る詳細な記録を実行委員会の報告書として残してきた。

図13-12　『素材体感ツール』　　　図13-13　『あいパックプラス』

　愛知県美術館がさまざまな他者と協力して作成し，館内外で活用されてきたこれらの鑑賞ツールは，視覚だけでなく，触覚，嗅覚，聴覚も活用して美術作品をじっくり味わうこと（鑑賞）を支援するメディアである。

（3）オンライン美術鑑賞プログラム

　2020（令和2）年のコロナ禍以降，外出自粛，美術館の休館等に対応すべく，インターネットを介した主体学習の機会（e-ラーニング）を提供する美術館のオンライン・プログラムも増加した。

　愛知県美術館は，2020（令和2）年夏以降，同館と愛知県立岩倉総合高等学校，愛知県立名古屋盲学校の三者をオンラインで結び，交流しながら生徒同士の作品を鑑賞しあうことに始まり，美術館の展示作品を鑑賞するオンライン鑑賞を3回，対面の鑑賞・造形ワークショップを2回，組み合わせて7カ月間にわたり実施した。オンラインによる屋外彫

刻の鑑賞では，盲学校生徒用に触れる模型を準備したり，作品の音を聴いてみたりと，視覚に加え，触覚，聴覚による重層的な鑑賞の機会を提供した。藤島美菜主任学芸員は，こうした鑑賞スタイルは，オンラインの特性とも重なり，今後の鑑賞のあり方に変化をもたらすと実感している（藤島，2022）。

　オンライン・プログラムは工夫次第で，2022（令和4）年のICOMの博物館新定義で明示された「誰もが利用でき包摂的」である可能性を広げる。また，「多様性」の醸成は，考えが違う他者の存在を知り，尊敬することから始まる。民主的な会話を楽しむオンライン美術鑑賞プログラムは，作家や参加者を含む他者尊敬・自己肯定感を培う「場」として，貢献の可能性が大きい（大髙，2023）。

　以上，愛知県美術館の取り組みから，より多様な人々に貢献することを目指して開発されてきたさまざまなメディアおよびそれらを活用した教育機会を参照してきた。美術館が提供するこうした機会は，美術作品とそれらを取り巻く文脈，参加者の意見，美術館に関する情報等，色々な情報の自由な交換による新たな発見を誘う，重要なメディアである。

3. 展覧会等に関わる情報・メディア

　博物館の中で，美術館は企画展に力点を置く傾向が顕著である。美術館は企画展の充実化を図るため，他の美術館・博物館や個人等から作品を借用したり，他館やマス・メディアの文化事業部等と共催したり，美術史家等，外部の専門家に監修を依頼することも多い。これらのことは，美術館が収蔵品に関わる情報を蓄積し，内部・外部で活用可能な検索システムの構築を求められる要因でもある。

　また，企画展開催は，美術館が広報（PR: public relations）を重視すべき要因にもなっている。美術館の広報活動の中で重要なものに，マ

ス・メディア等に美術館に関わる情報を発信してもらうパブリシティという手法がある（石田，2021）。例えば，新聞や雑誌の記事，テレビ，ラジオ，インターネットのニュースや特別番組等を通して，企画展を始めとする美術館に関わる情報が頻繁に発信されるが，こうした記事や番組等は発信するメディアが制作するもので，美術館はそれに必要な情報をメディアに提供している。

パブリシティでは，美術館が提供したい情報を期待通りマス・メディア等の第三者が発信してくれるとは限らない。しかし，多額の費用を美術館が支払って情報を発信する広告（インターネットやテレビでの宣伝，新聞や雑誌等の掲載広告，ポスターやチラシ等）と違い，パブリシティでは，美術館に費用負担がないのが一般的である（対価を支払うペイド・パブリシテイもある）。また，美術館にとって，パブリシティは，不特定多数の人々に低コストで効率的に情報を告知できるだけでなく，第三者による信頼性の高い情報であると受け手に認識される傾向があるため，情報の受け手の関心の喚起において，効果的である可能性が高い。

したがって，美術館は，パブリシティの一環として，企画展等に関するマス・メディアや専門家等向けの情報提供（プレス・リリース）や会期前の内覧会を実施するとともに，メディアが発信する美術館関連情報（メディアの種類，発信者，頻度，内容等）に注意を払う必要がある。

また，今日，美術館は，インターネット上で，自館のウェブサイトや情報サービス機関（マス・メディアの電子版を含む），ソーシャルメディア（SNSやブログ等の交流サイト）を介して，従来のメディアに比べ，短期間・低コストで情報を拡散できるようになっただけでなく，多数の人々の意見や行動の動向も，ある程度効率的に把握できるようになった。

例えば，さまざまな観点からの現代美術の大規模な企画展で知られる森美術館（港区）は，2003（平成15）年の開館時からウェブサイト等，インターネットを活用し，従来の広報・広告に加え，インターネット上，ソーシャルメディア上での顧客とのコミュニケーションにも取り組んできた。その一環として，ソーシャルメディア上に広告を掲載するだけでなく，来館者による展示作品の写真撮影・投稿を，出品作家の著作権や著作者人格権の侵害にならない範囲（第5章参照）および出品所蔵者の意向を尊重した上で勧める等，ソーシャルメディアのネットワーク内での来館者の情報発信・共有・拡散の機会の提供にも積極的である。

　最後に，インターネットを介した情報提供は，美術館を含む博物館と利用者双方の利便性を向上し，人々の間で情報が急速に拡散していく傾向がある。この過程では，ソーシャルメディア等で情報を発信する博物館利用者も，情報提供者すなわちメディアとしての役割を担っている。しかしながら，ソーシャルメディア上でやり取りされる情報は，比較的短く，シンプルであったり，他者の意見の単なるコピーであったりする場合もあり，質的に疑問のあるものも少なくない。

　さらに，インターネット上では情報の受発信のスピードが速いことから，管理運営上さまざまな問題への迅速かつきめ細かな対応も求められる。「炎上（flaming；フレーミング）」もそうした問題の一つである。「炎上」とは，電子掲示板やSNS，ブログ等で，他者を侮辱したりすることが過度に行われることをいう（高橋，2022，p.232）。

　今日，情報提供やコミュニケーション全般に関わる方針や，その一環として，インターネットをどう活用するかについての具体策を検討・決定し，インターネットを介した情報の受発信業務に係る予算や担当組織・人員を確保することが，美術館を含む博物館の重要な課題である。

参考文献

愛知県美術館編『あいパック』（編者，2012年）

愛知県美術館編『あいパックプラス』（編者，2014年）

愛知県鑑賞学習普及事業実行委員会編『さわるアートブック』（編者，2013年）

愛知県鑑賞学習普及事業実行委員会編『さわるアートブック②』（編者，2014年 a）

愛知県鑑賞学習普及事業実行委員会編『愛知県鑑賞学習普及事業　子どもたち・教員・学生・学芸員を結ぶ～地域に根ざした美術館活動をめざして』（編者，2014年 b）

石田大典「マーケティング・コミュニケーション」井上淳子・石田大典『マーケティング』pp.158-170（放送大学教育振興会，2021年）

大髙幸「美術館における情報・メディア」稲村哲也・近藤智嗣編著『博物館情報・メディア論』pp.213-228（放送大学教育振興会，2018年）

大髙幸「アクセス可能な博物館教育：その理念と実践」大髙幸・寺島洋子編著『博物館教育論』pp.151-169（放送大学教育振興会，2022年）

大髙幸「会話によるオンライン美術鑑賞プログラムで世界とつながるとは」東京国立近代美術館『現代の眼』637号 pp.54-55（2023年3月）https://momat.repo.nii.ac.jp/records/771（2024年9月29日最終確認）

川口雅子「美術館の情報活動に関する一考察」『国立西洋美術館紀要』18号 pp.43-54（2014年3月）

京都国立博物館『京博が新しくなります』（クバプロ，2014年）

小林頼子「VR Visionary Talk 新フェルメール論！？～名画誕生のアルゴリズムに迫る～」（六本木アートカレッジ・セミナーにおける講演，2016年12月12日）

﨑田明香「キャプションは利用者と作品をつなぐ：美術館リニューアルオープンにおける新しいキャプション製作の事例」『福岡市美術館研究紀要』8号 pp.37-44（2020年3月）

髙橋秀明「安全・安心とデジタルメディア」青木久美子・髙橋秀明『日常生活のデジタルメディア』pp.221-225（放送大学教育振興会，2022年）

TOPPAN「凸版印刷，フェルメールを360度鑑賞できる絵画鑑賞システムを特別公開」https://www.holdings.toppan.com/ja/news/2018/11/newsrelease181113.html

（2024年 9 月29日最終確認）

兵庫県立美術館「美術の中のかたち―手で見る造形　北川太郎　時のかたち」https://www.artm.pref.hyogo.jp/exhibition/j_2408/katachi.html（2024年 9 月29日最終確認）

藤島美菜「『さわるアートブック』制作の課題と展望」広瀬浩二郎編著『ひとが優しい博物館』pp.50-67（青弓社，2016年）

藤島美菜「ミュージアムでの美術教育」『美術教育』No.960，pp.20-21（教育美術振興会，2022年 6 月）

14 | 映像とメディア芸術

鶴見英成

《学習のポイント》　視覚的な記録・表現のメディアである写真や映像はデジタル化が進んだが，長い歴史を持つフィルムおよびその情報の保存が急務である。またアニメやマンガなど視聴覚的なメディア芸術や，電子的なメディアによる表現物などと博物館の関係を概観する。
《キーワード》　映像，映画，メディア芸術，アニメ，マンガ，ゲーム

1. はじめに

　タイトルにある「映像」と「メディア芸術」という観点から，本章で解説する内容について述べる。

　映像とは本来，対象物のイメージを再現する手法全般を指し，その先駆けが写真であった。カメラを使ってイメージを一時的に投影するだけでなく，記録メディアに定着させるという写真の技術が開発されたのが19世紀初頭である。19世紀末には，連続的な撮影により時間的変化を記録する狭い意味での映像が実現した。20世紀には映像が物語としても制作され，映画が発展していった。

　映像は当初フィルムに記録され，20世紀末にデジタル技術へと大幅に移行したが，フィルムの保存は現在もなお課題となっている。特に，日本では明治時代から昭和にかけて国際的に流通していたフィルムは，保存環境によって発火する危険性があった（ナイトレートフィルム）。その後，発火性を抑えたフィルムが普及したものの，依然として保存中に

化学反応による不可逆的な劣化が進むことが課題であった。さまざまなフィルムを一カ所にまとめて保存管理していたため，多くのフィルムが一斉に焼失したり，連鎖的に劣化が広がったりという事態が起こった。

フィルムのデジタル化が普及したことで，それ以上の劣化が進む前に，映っている図画情報自体は救い出すことが可能となった。しかしデジタル化を終えた後でも，オリジナルのフィルムを廃棄することは望ましくない（国立映画アーカイブウェブサイト参照）。いかに高い解像度でスキャンしても，画素の集合であるデジタル画像は，連続的な色のグラデーションであるオリジナルとは異質な情報であり，例えば細部を拡大するような利用にはおのずと限界がある。またデジタル画像は多くのコピーを発生させうるが，偶発的であれ意図的であれ，細部の特徴の異なるさまざまなヴァージョンができてしまう恐れがある。それらを見定めるにはオリジナルのフィルムとの比較が不可欠である。本章では，このようなフィルムの保存問題からさらに視野を広げ，博物館におけるメディア保存とアーカイブ化に焦点を当て，博物館が果たしうる役割について考察する。

1960年代頃の日本では，貸本や週刊誌の出版が発達して，娯楽的で消費性の高い大衆文化として，マンガが大きく脚光を浴びた。1980年代に国産アニメ作品が次々とブームとなったほか，急速に市民生活に浸透したコンピュータゲームにおいては，ハードウェアもソフトウェアも開発されるようになった。「サブカルチャー」という語を，絵画や文学など「ハイカルチャー」より下位という意味で，歴史の浅いこれらの表現物にあてるのは日本独得の用法である。これらの作品が海外で高く評価されたのを受け，20世紀末には国から支援されるようになった。文化庁メディア芸術祭では，アート，エンターテインメント，アニメーション，マンガの4部門を設け，ゲームはエンターテインメントに含まれていた

（2022年度に終了）。メディア芸術は，博物館が取り組む対象としては歴史が浅く，試行錯誤の段階にあるが，多くの緊急性の高い課題が含まれている（石田ほか編，2013）。

　アニメに関しては，国際的に日本のアニメ映像が高く評価されたこともあり，デジタルアーカイブ化などの事業が比較的早く始められた。一方で，完成した映像が保存の対象となるのに対して，撮影に用いられたセル画や紙資料などの保存を進めることは難しい。現在ではNPO法人アニメ特撮アーカイブ機構をはじめとした有識者団体による，資料の確認と保存が図られている（アニメ特撮アーカイブ機構，2020年などを参照）。また特撮映像作品に関しては，ミニチュアや怪獣のスーツなど，保存の難しい大型の中間制作物が多数生じるのが通例で，それらは廃棄されるのが常であった。映像のデジタル化が進んだあとはなおさらであった。しかし，日本で発展した特撮映像の技術を伝えるためにも，現物の保存が必要であると考えた映像クリエーターたちによって，展覧会が開催されるようになって注目を集めた。しかし，完成した映像作品はメディア芸術として重視される一方，中間制作物の価値が論じられない状況が長く続き，恒久的な保存環境を探すことは困難であった。第15章で述べるように，その保存には地方自治体との協力が必要となった。

　博物館に話を戻すと，マンガやアニメの展示はさまざまな企画の中でも集客力が高い傾向があり，メディア芸術の振興に役立つ。しかし，記録メディアや技術的な情報がきちんと保存されず，次第に失われていることが深刻な問題と認識されており，展示だけでなく，収集や保存，アーカイブ化の取り組みが急務である。そのような観点から，マンガ，ゲームをめぐる状況を紹介する。

2. マンガ文化のアーカイブ

(1) 横手市増田まんが美術館の取り組み

　秋田県横手市の横手市増田まんが美術館は，2005（平成17）年に横手市と町村合併する前に，増田町が設立した増田まんが美術館がその前身である（図14-1）。マンガをテーマとする美術館として，国内でも特に早く設立された施設である。横手市の美術館となった後，さまざまな意見が交わされ，2019（平成31）年に大幅にリニューアルされた。2023（令和5）年現在，館長を務める大石隆さんへのインタビューを軸として来歴などを概説する。

図14-1　横手市増田まんが美術館

　1995（平成7）年，増田町の複合公民館の一角にまんが美術館は設置された。設立の際には，町出身であり『釣りキチ三平』などの作者である初代名誉館長・矢口高雄さんの記念館とする構想も議論されたが，矢口さんは個人の記念館よりも，これからマンガ家を目指す若者や子どもたちが一流のマンガ家の原画を見て学べる美術館を作るほうが，意義が

あると提案した。これにもとづき，マンガの原画の展示を中心として美術館は設立された。

　矢口さんの提案どおり，当初は原画の展示が美術館の主な活動であった。しかし，横手市職員として2007（平成19）年から美術館を担当することになった大石さんによれば，次第に矢口さんや関係者が収集保存に関心を高めていったという。2012（平成24）年頃，矢口さんが自身の原画をどのように後世に残すかを考え始め，議論を重ねた結果，美術館は原画を保存する施設として再出発することとなった。新しく合併した横手市での議論を経て，2019（平成31）年に横手市増田まんが美術館は，観光施設よりも文化施設の性質の強い，原画の保存に特化した美術館として生まれ変わった。館全体の大規模なリニューアル工事は２年間を要した。従来の展示室はそのまま活用し，図書館や郷土資料館として使われていた部屋を別の施設に移転させ，建物全体を美術館として再構築した。

　原画保存の課題に対応するため，設備だけでなく組織作りも必要となった。リニューアル工事までは横手市が直営で美術館を運営していたが，原画保存に特化した施設として運営するには，専門的に取り組むスタッフが必要であり，2015（平成27）年に財団法人が設立された。この財団法人は，地元の漫画家４名と横手市がお互いに出資して作られ，現在も指定管理者制度のもとで美術館の運営を担い，アーカイブ作業を行っている。当初は60人ほどの漫画家の原画が集められていたが，リニューアル後の積極的な収集活動により，2023（令和５）年現在では国内外185人の漫画家による45万点以上の原画が所蔵されている。

（２）原画の価値と損失

　従来はマンガの原画は，基本的には漫画家が作品を仕上げて本が刷ら

れた後に，その役割を終えるものとされてきた。しかし，欧米では日本の原画に対する美術的な価値が見出され，さまざまな美術館から原画の買い取りの相談が増加していた。日本では，かつて浮世絵が欧米に流出した歴史があり，それを教訓にマンガ原画を国内に保存するための議論が行われてきた。しかし，原画が作家個人の所有物であるため，原画の管理や保存に関する具体的な動きは進まなかった。

　また，原画は出版後も原画展などで鑑賞用に使われうるため，美術品としての価値が認められることもある。これにより，原画が資産価値を持ち，相続税や課税の対象になりうるなど問題は複雑で，マンガをめぐるさまざまな関係者の間で，現在も原画の価値付けは定まっていないのが現状である。ただ，マンガ流行黎明期の作家が亡くなっていく中で，大量の原画の管理が遺族に大きな負担となるケースが増えているため，文化的な損失・消失を防ぐべく，横手市増田まんが美術館ではいち早く原画の保存に取り組んできた。

（3）原画の文化的・教育的意義

　マンガの表現技法は，見ようによっては先史時代の洞窟壁画の躍動的な動物・人物像にも通じる普遍性を持つが，印刷技術の発展により雑誌が普及し，大衆娯楽として定着したことが重要な節目である。マンガ文化の特徴は，漫画家が描いた原画と印刷された完本の両方が存在する点にある。

　日本のマンガは一時期，消費性の高い娯楽としてのみ評価されていたが，時代が進むにつれて，それ以外の価値も認められるようになった。矢口さんの作品について大石さんは，戦後間もない秋田の農家や学校生活が写実的に描かれており，学術的に貴重な資料として再評価されていると指摘する。民俗学などのフィールドワークでも，スケッチを描くと

いうのは，観察者にとって必要な情報を抽出してまとめる技法の一つである。矢口さんの原画も，その描画力によって細部まで丁寧に描き込まれており，多くの情報を含んでいる。また，原画は後進教育にも重要であると言える。マンガ原画が印刷され，消費者の手元にいくと本編以外の情報は全くなくなってしまう。ところが原画を見ると，修正液の使い方やスクリーントーンの重ね方，欄外に書かれたアシスタントへの指示など，制作の現場の様子が原画に残っており，後進にとって非常に良い教材となっている。

（4）原画のアーカイブ作業

マンガの原画は，美術的な鑑賞や情報量，教育的役割を含む大変重要な文化遺産である。しかしながら，そのアーカイブ化は非常に複雑な作業である。横手市増田まんが美術館では，この作業の様子をガラス越しに見学できる（図14-2）。ここで行われる一連のアーカイブ作業を収集の段階から以下にまとめる。

図14-2　「マンガの蔵展示室」内のアーカイブルーム

①原画の照合

原画を一括して預かり，単行本と照合し，原画がすべてそろっているかを確認する。特に1970年〜1980年代の雑誌では，カラーやモノクロの異なるページ構成が多いため，不足している原画がないかを注意する。必要に応じて，出版社や作家に連絡を取り，不足原画を捜索する。

②原画情報のデータ入力

原画の大きさ，色数，使用された画材，欄外の汚れ，セロテープの跡など，詳細な情報を収集し，パソコンに入力する。また，作家がアシスタントに対して書いた指示文などの記録も含めて，データベースに活用できるメタデータを集積する。

③高解像度での画像化

原画を1200dpiの解像度でスキャンし，1枚当たり約10分をかけて画像化する。高解像度で保存することによって，将来的に拡大して活用できるようにするためである。

④保存作業

原画が酸性化により劣化するのを防ぐため，中性紙素材の紙を用いる。まず原画の間に中性紙を挟み，1話ごとに中性紙で作られた封筒に入れる。その後，単行本1巻分の原画（約200ページ）を中性紙素材の専用アーカイブボックスに収納する。

⑤保管

アーカイブボックスに収納された原画は，スチール棚に収められる。保存環境は，温度20度，湿度55〜60％に保たれた空調下で，紙資源の保存に最適な条件で管理されている。

（5）アーカイブ化した原画の活用

このように労力のかかるアーカイブ事業に，横手市増田まんが美術館

はあえて踏み切った。単に保存作業を行うだけでは本質的なアーカイブとは言えず、その活用にも力を入れている。アーカイブルームと原画収蔵庫を含む「マンガの蔵展示室」ではデジタル化された原画を大型タッチパネルで拡大して観察したり、原画を順に引き出しながら物語の一話分を鑑賞できるなど（図14-3），原画の多様な活用が行われている。

図14-3　実際の原画を見ることができる「ヒキダシステム」

（6）横手市増田まんが美術館の運営方針

　横手市増田まんが美術館の運営方針を木に例えると，根幹に当たるのは原画で，出版社や漫画家との交流を通じて原画を収集・アーカイブ化し，そのための人材育成が根を育てる栄養となると大石さんは語る。この比喩は，アーカイブ活動などの目に見えない部分が充実していれば，展示や教育活動や街の活性化などの目に見える部分の成果につながるという考えを表現している。

また，大石さんは，原画アーカイブの必要性を訴える際に，原画を海の魚に喩えて説明することもある。水族館のように原画を収集保存する施設は多くあるが，捕まえるのが難しい魚もまだ多い。性的あるいは暴力的な描写の強い作品などは，公的機関では収蔵しにくく北極や南極のように厳しい環境に生息する魚のイメージである。また，貸本時代や同人誌の原画は，生息数や種別すら不明であるという意味で，深海魚に喩えられる。しかし，すべての魚を網羅してこそ，魚類について知りうるように，マンガ文化を守るためには，これらの調査することすら困難な原画まで含めて，すべてを対象としなくてはならない，という考えである。

（7）国としてのアーカイブ事業

国内唯一のマンガ原画保存の相談窓口であるマンガ原画アーカイブセンターは，横手市内の伝統的な蔵を改装して拠点としており，文化庁からの委託事業として大石さんがセンター長を務めている（図14-4）。まんが美術館は市と関係の深い作家の原画をある程度優先せざるを得ないが，こちらは緊急性の高い原画を幅広く一時保管する役割を持つ。

図14-4　マンガ原画アーカイブセンター

マンガ文化を保存するためには，原画だけでなく，出版物や下書きなどの中間生成物も重要であり，文化庁事業としてはそれらも含めたアーカイブが検討されている（横手市増田まんが美術財団，2021）。すでに大学との連携による刊本のアーカイブが始まっており，2023（令和5）年には国内出版社15社が出資する一般社団法人マンガアーカイブ機構が設立された。そこの代表理事でもある大石さんは文化庁事業との合流を目指しており，産学官が連携してマンガ全体のアーカイブ化を進める計画が動いている。

3. ゲーム文化のアーカイブ

（1）ゲーム文化のアーカイブの現状

　次に，メディア芸術の分野として複雑な課題を抱えるコンピュータゲーム（ビデオゲーム）について紹介する。日本のゲームソフトや家庭用ゲーム機は国際的に成功を収めているが，ゲームの収集・保存はまだ試行錯誤の段階にある。国内にはゲームのアーカイブ化を研究する大学（井上ほか，2021など参照）や組織（ルドン＝ジョセフら，2019など参照）があり，企業と協力してアーカイブのあり方を議論している。本章で取り上げる日本レトロゲーム協会は，豊富なコレクションを有し，博物館設立を目指しているが，アーカイブ化の基本方針など多くの課題に直面していて，重要な示唆が得られる事例となっている。

（2）日本レトロゲーム協会の事例

　2023（令和5）年8月に，大阪府阪南市で日本レトロゲーム協会主催の「第2回レトロゲーム博物館計画資料展示会」が開催された。小さな廃校に家庭用ゲーム機やソフト，雑誌，広告チラシなどが展示され，日本全国や海外からも多くの来場者を集めた。このイベントは，阪南市の

後援を受け，将来の博物館構想を検証するために行われたものである。展示の中心は「レトロゲーム」と銘打っており，昭和から平成にかけての家庭用ゲーム機やそのソフトウェアだが，海外の製品や活動報告も紹介された。協会会長の石井豊さんは古物商として豊富な経験を持ち，1990年代末には粗大ごみにも関与していたが，ゴミとして処分されていたゲーム機やソフトがもったいないと思い，独自に収集を開始した。リサイクル業者や引越し業者などからも協力を得て，倉庫が溢れるほどの量が集まった。その中には貴重な資料も含まれていたため，石井さんは保存活用の途を模索し，この展示会の趣旨にみるように，将来的に博物館を設置する必要があると考えるに至ったのである。

（3）ゲームのアーカイブ化の課題

　ゲームソフトや本体は大量生産された工業製品であるが，経年劣化のため正常に動作しないこともあるなど，残されたものは状態がさまざまで，箱や付属品の欠損，子どもの落書きなど，中古品として販売するのが難しいものも多い。しかし，中には希少な製品もあり，愛好家から強い愛着を受けることもある。経済的価値がある点では美術品と共通するが，ゲームのアーカイブ化には「プレイ可能であること」という独自の課題がある。さらに，ゲーム機やメディアは精密機器であり，技術的な修理や保守が難しい点が問題となる。石井さんは中古品業者として，この技術的な問題に向き合ってきた。80年代に大変普及した家庭用ゲーム機のファミリーコンピュータ（ファミコン）は生産中止後も中古品として人気があったが，2010（平成22）年頃，テレビの地デジ化により接続できなくなり需要が急減した。石井さんはこの問題に対処し，アナログゲーム機をデジタル対応に改造し，生産中止になった部品の代替品を開発するなど技術的対応を行ってきた。

この頃石井さんは，海外のゲーム愛好家から博物館の設立を促され，自分が収集しているものを後世に残さなければならないと考え，2011（平成23）年に日本レトロゲーム協会を立ち上げた。日本レトロゲーム協会は2016（平成28）年にNPOとなり，博物館設立を目標として活動を展開している。石井さんは中古品ビジネスや海外のゲーム事情に詳しく，博物館やコレクターとの国際交流を続けており，日本に前例のない分野の博物館をいかに実現するか，検討を重ねている。先述の「レトロゲーム博物館計画資料展示会」もそのための試行であり，阪南市の支援を受けて実現したものである。

コンピュータゲームの特徴として，製品を発売する企業だけではなく，プレイヤーとして消費者が大きく関与している点が指摘できる。プレイヤーが新たな遊び方を見出したり，ゲーム情報誌や専門店など関連産業が大きく伸張したりと，それらの全体像がゲーム文化と呼びうるものである。ユーザーの手を経た，廃棄物や中古品を出発点とする石井さんのコレクションは，その点において貴重な情報を多く含んでいる。レトロゲームに親しんだ世代が，インターネットを活用した今日のゲームを作る側となったこともふまえ，ゲーム文化の未来を見通すためにも，黎明期のコレクションを保存することには大きな意義がある，と言える。

4．まとめ

本章では，映像と，メディア芸術におけるマンガとゲームのアーカイブ活動に焦点を当てて解説した。これらの分野は，海外からの評価が契機となり，保存や記録方法がまだ模索段階にあるという共通点を持つが，それぞれ特有の課題も存在する。これらの活動は，関係者の熱意，問題意識，そして専門性によって支えられている。

参考文献

アニメ特撮アーカイブ機構『アニメスタッフデータベースの持続的な構築・整備に向けての調査・検証 実施報告書』2019年度メディア芸術連携促進事業報告書（2020年）
https：//mediag.bunka.go.jp/mediag_wp/wp-content/uploads/2020/04/38_jv4.pdf（2024年12月15日最終確認）

井上明人・尾花崇・中村彰憲・細井浩一「持続可能なゲームアーカイブの構築のための専門性についての一考察」『アート・リサーチ』21：93-102（2021年）

国立映画アーカイブウェブサイト『FIAF70周年記念マニフェスト「映画フィルムをすてないで！」』https://www.nfaj.go.jp/research/preservation/#manifest（2024年10月21日最終確認）

横手市増田まんが美術財団『マンガ原画アーカイブセンターの実装と所蔵館連携ネットワークの構築に向けた調査研究実施報告書』令和２年度メディア芸術連携基盤等整備推進事業連携基盤整備推進事業　連携基盤強化事業報告書（2021年）
https://mediag.bunka.go.jp/mediag_wp/wp-content/uploads/2021/05/8347f9ef4874ba289062c0bb09cb1d58.pdf（2024年12月15日最終確認）

ルドン＝ジョセフ，ルドン絢子「ゲーム保存協会の取り組み—アーキビストから見た日本のゲーム保存の問題点」中沢新一・中川大地編『ゲーム学の新時代　遊戯の原理　AIの野生　拡張するリアリティ』pp. 127-144.（NTT出版，2019年）

15 | 博物館による伝承

鶴見英成

《学習のポイント》 博物館は永続的に営まれるべき組織であり，ともすれば
失われがちな情報を，世代を超えて受け継いでいく役割が期待される。伝統
工芸を中心に，災害に対する備え，特撮映像の技術などを例として，メディ
アとしての博物館による伝承の働きを学ぶ。
《キーワード》 伝承，伝統工芸，災害，特撮映像

1. はじめに

　博物館が収集した物品や情報は，永続的に維持されるものと期待され
るが，そもそも収集・保存が厳しい性質であれば，いかに貴重でも失わ
れてしまう。本章ではまず工芸を事例に，世代を超えて情報を伝承する
ことを主眼とした博物館活動に焦点を当てる。日本各地には伝統的な工
芸が存在し，膨大な知識と経験によって成り立っているが，無形遺産と
呼ばれるとおり，完成した作品とは別に，その制作過程は形がなく保存
が難しい。そして技能者も，その後継者も数多くはない。文章や映像に
よる記録の試みはあるが，それだけでなく，工芸の過程そのものに形を
与え，ものとして保存しようとする取り組みを紹介する。

2. 金沢市・金沢美術工芸大学の取り組み

(1)「平成の百工比照」プロジェクト

　石川県の金沢市役所と金沢美術工芸大学は連携して，地元や日本全国

のさまざまな工芸を形のあるコレクションにしてきた。「平成の百工比照」というプロジェクトである。金沢美術工芸大学の美術工芸研究所という研究組織が，そのコレクションを保管している。美術工芸研究所は，2023（令和5）年に移転したばかりの新しいキャンパスの図書館と同じ建物内に拠点を設けている。その主要なプロジェクトとして「平成の百工比照」の収集・研究は続けられ，学生や教職員はもちろん，学外の市民もコレクションや関連資料を閲覧できる。きわめて専門的，かつ利用・発信に力を入れたプロジェクトが継続されている背景として，金沢という都市の特徴を理解する必要がある。

（2）金沢の工芸文化の歴史と特徴

金沢は江戸時代から工芸に対する熱意が高く，地場の産業を育成するために京都や江戸から優れた職人を招聘して技術の移転を図ってきた。その結果，金属工芸，染織工芸，陶磁器，漆工芸など，さまざまな分野の工芸の職人や作家たちが育っている。金沢美術工芸大学は1946（昭和21）年，戦後まだ1年という混乱期に，まずは文化から，まずは芸術からという意思を持って，金沢市民の熱意によって創立された。この事実は，金沢の人々が工芸文化をいかに大切にしてきたかを物語っている。

金沢市の工芸の特徴として，人間国宝とされるベテランから若手まで従事者が非常に多く，裾野が広いことが挙げられる。また，国指定の6業種に加え，20業種もの希少伝統工芸が知られ，多様性が顕著である。このように工芸に対する強固な地盤や，市民の深い理解が金沢市の特徴である。

（3）「平成の百工比照」の概要

2009（平成21）年，金沢市はユネスコ創造都市ネットワークのクラフ

ト＆フォークアート分野で認定された。これに先駆けて，当時の金沢市長であった山出保さんが「平成の百工比照」プロジェクトを提案した。これは，江戸時代の加賀藩主前田綱紀が始めた工芸標本の収集「百工比照」にちなんだものである。「百工」とは，さまざまな工芸を指し，「比照」は比較対照するという意味である。つまり，さまざまな工芸を比較対照し，その研究成果を現代に生かすことがこの活動の根幹にある。国際的にも高く評価された金沢の伝統工芸であるが，バブル経済後に後継者不足が深刻化していた。そこで，加賀藩の百工比照に基づいた新たな教育プログラムによって，人材育成や産業，アーティストの奨励に力を注ぐという市からの提案に金沢美術工芸大学は強く賛同し，工芸科の教員たちが中心となってプロジェクトを開始した。

（4）「平成の百工比照」のコレクションの概要

　図15-1は，「平成の百工比照」のために設けられた展示室の様子である。この展示室では，工芸のさまざまな技法や素材が系統的に展示されている。壁面の棚は金工，染織，漆工，陶磁という工芸科の4分野に区画され，各工芸分野の技法や素材に関する貴重な標本が，保存箱に入れて収納されている。このプロジェクトでは，製品だけでなく，材料，素材，道具，制作工程を重視している。それは，産業としての工芸の伝承を学術的に捉えると，その根幹を支えているのは素材であり，材料であり，道具であり，そこがどう安定的に生産されているのかを理解しないと，将来的に継承されていくかどうかの展望を見失ってしまうという考えがあったためである。工芸科教授で金工を専門とする原智さんの解説をもとに，収集・活用の具体例について紹介する。

図15-1 「平成の百工比照」のために設けられた展示室

(5) 具体的な標本例
①陶磁分野

日本各地の陶磁器,材料や道具が集められたほか,素材の性質や技法を比較する標本として,サイズを規格化した陶板が多数制作された。図15-2は九谷焼の作家たちに依頼した描画見本の例である。

図15-2 制作工程を学ぶための標本例(陶磁分野,九谷描画見本)

②金工分野

金工分野では,彫金技法から二つ,鍛金技法から一つ例を挙げる。彫

金技法の中に，金属に彫り込んだ模様に別の素材をはめ込む「象嵌」があるが，金沢には「加賀象嵌」という特徴的な技法が伝わっている。普通の象嵌と異なり，象嵌した上にさらに象嵌を重ねる技法で，それぞれの金属が発色すると非常に美的な効果が高く，絵画的であるのが特徴である。図15-3は，その工程を示すために制作された標本である。加賀象嵌の複雑な工程が段階的に示されており，その技術の高さと美しさを理解することができる。

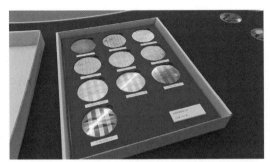

図15-3　彫金技法「加賀象嵌」の制作工程標本

象嵌の中には「布目象嵌」と呼ばれる，特徴的な別の技法もある。金属の表面に布目のように細かい傷をたくさん付け，そこに薄い金属を押し付けてはめ込むもので，世界各地で非常に長く培われてきたものである。図15-4は，その制作工程標本と制作に使用される道具である。表面に細かい傷をつけ，そこに金属を押し付けていく過程が段階的に示されている。また，数多くの線を均質に刻むにはどのような道具を扱うべきなのか，実物に触れることで，技法の理解がさらに深まる。

図15-4　彫金技法「布目象嵌」の制作工程標本と制作に使用される道具

　金属をたたきのばす鍛金技法の一つである絞り技法，その中で特に杢目金と呼ばれる技法がある。これは，異なる金属の板を積層して高温で加熱し，圧延して1枚の板にして，その表面を彫り込む技法で，金属の重なり合いがもたらす，木目のような模様が特徴的である。口絵4は，その制作工程の標本である。3種の金属が木目のように現れた板を，球形の器に仕上げる過程を示しており，たたき方によっていかに模様が変化するか見てとることができる。

(6)「平成の百工比照」の教育的役割
　「平成の百工比照」の収集・活用に携わる原さんは，「百工比照」プロジェクトで重要なのは，時代が必要としなくなった工芸技術が消え去る前に，将来再び必要となった時に復活できるよう，記録として残すことであると述べている。工芸の中で，染織の染料や陶土などの材料は地域性が高いが，金属はそうではないので，各地に点在する作家個人に焦点を当てて収集しているという。金沢美術工芸大学では，伝統的な技法と素材を重視し，それらを体験しながら学ぶことが基本となっている。学生はまず伝統技法を理解し，それを応用して新しい作品を生み出してい

く。また，複合素材演習という授業では，異なる素材や技法を組み合わせることで新しい創造に挑戦しており，こうしたサンプルはさまざまな局面で教育に役立てられている。

(7)「平成の百工比照」のデータベース化と国際的な展開

展示室内の端末で，国立民族学博物館の協力で作成されたデータベースを閲覧できる（図15-5）。収集対象は全国に広がっており，数は限られているが海外の標本も含まれている。このデータベースはインターネットで公開され，日本国内のみならず，国外からの利用者も想定されている。それは大学，そして金沢市が以下のように，全国的・国際的な展開を構想していたことによる。

図15-5 「平成の百工比照」のコレクションのデータベース

(8) 金沢市の工芸振興策

平成の百工比照プロジェクトを立案した金沢市が，地元に限らず日本全体の工芸を対象としたのは，そのリーダーシップを意識したためである。金沢市には金沢美術工芸大学や金沢卯辰山工芸工房といった教育機関が整備されており，これらの機関で育成された人々が質の高い作品を

制作し，工房として産業に従事できる環境が整っている。今後，こうした環境を活かしながら，新たな形での情報発信も非常に重要だと市は考えている。

　また，新商品の開発や作品の展示機会を増やし，販路の開拓を支援するために新たに店舗を開設したり，また工芸品だけでなく，その作家も紹介し，広く知られる機会を提供しようとしている。特に，スタートアップの支援と継続的なサポートが重要視されており，教育研修の一環としても百工比照のコレクションが活用されている。工芸品の価値や価格に疑問を持つ人もいる，ということを市としても課題として意識しているが，材料や技法，歴史的背景を理解してもらうことで，その価値を伝えていく考えだといい，今後の展望をアクションプランとして公開している（金沢市経済局クラフト政策推進課，2024）。

（9）金沢の工芸文化の特徴と未来

　金沢市のアクションプランでは，「工芸」を「KOGEI」と表記し，国際的に「クラフト（craft）」と呼ばれる工芸とは異なる意味合いを持たせている。「クラフト」は実用性を持つ人工物を指すが，一方で「工芸」という日本語は，実用品でありながら美術的な表現やデザイン的な発展性を含んでおり，単なる直訳ではない。金沢市では，地方行政によるまちづくりや大学の教育・研究も，この観点に基づき，伝統工芸から現代美術まで包括的に連携して取り組んでいる。平成の後期に始まった平成の百工比照プロジェクトは，特に伝統工芸の情報を支える資料として地元の大きな期待のもとに実現され，現在も継続して展開されているのである。

　金沢美術工芸大学も，美術工芸やデザインという領域を設け，狭い意味での工芸にとどまらず，アーティスティックな表現やデザインとして

の展開も含めて，工芸を幅広く捉えている。その意味で，金沢21世紀美術館の設立は，世界の潮流を学ぶことができるという点で，大学に対してもとても大きな刺激となった。金沢美術工芸大学はこのような環境を活かしながら，グローバルなアートの展開を取り入れて，金沢独自の広がりを持つ工芸の教育・研究を志向しようとしている。

3. その他の事例

　博物館ならではの，世代を超えて情報を伝承する役割は，さまざまなテーマに関して認められる。特に注目すべきこととして，人間社会における不幸な記憶，例えば戦災，自然災害，出自や疾病による差別や迫害など，これらを伝えるさまざまな館がある（皓星社編集部編，2022）。我々人間の多くにとって，負の記憶を直視するのは辛いことであるが，皆が忘れ去ってしまったら，同じ不幸を繰り返すことになってしまうため，博物館による伝承は重要である。

　本章を締めくくるに当たって，地域で生きるために必要な防災の意識，災害によって住民が離散を強いられた地域の情報，デジタル技術の浸透により失われつつあるアナログな映像制作技術，という三例を紹介する（鶴見，2023も参照のこと）。

（1）リアス・アーク美術館

　宮城県のリアス・アーク美術館は，東北地方と北海道の地域性を描き出すことを目指している。三つの常設展示のうちの一つは，地元気仙沼市を中心に三陸地方の津波をテーマとしている。東日本大震災では美術館スタッフも被害を受けたが，被災地での写真撮影や被災物の収集に取り組んだ。津波は過去に何度も発生しているにもかかわらず，その記憶はすぐに風化してしまう。特に地元の人々に津波に関する正しい知識を

伝え，将来の災害に備えることを訴えるさまざまな展示を企画している。美術を通じて，非常に強力なメッセージが発信されている（山内編，2017）。

（2）とみおかアーカイブ・ミュージアム

　福島県双葉郡富岡町では，東日本大震災に加えて東京電力福島第一原子力発電所の事故による放射能災害が発生し，世界に類を見ない複合災害の現場となった。町全域で避難が余儀なくされ，住民は周囲の市町村や他県に移住した。除染が進み，多くの区域が帰還可能になったが，人々の関係は希薄化し，地域文化の継承が危機に瀕している。とみおかアーカイブ・ミュージアムは，町役場と若手職員らのプロジェクトチームにより収集された，町の歴史や震災前の日常に関わる物品，住民への聞き取り調査の記録（門馬，2021）などを集積している。いわば町そのもののアーカイブとして，町民の心の復興をはかるとともに，地域の研究をさらに進めている。

（3）須賀川特撮アーカイブセンター

　第14章では，マンガの原画とコンピューターゲームの事例を紹介したが，こういった分野の作品は比較的歴史が浅く，大量消費的な娯楽として長らく伝承の対象と見なされてこなかった。特撮の分野でも，完成した映像作品は重視されるものの，撮影に使用された中間制作物は廃棄されることが多かった。こうした状況の中，映像制作のデジタル化が進む一方で，日本のアナログ技術の喪失を懸念したクリエーターたちが，収集保存を呼びかけた。その結果，特撮の映画監督・円谷英二氏の故郷である福島県須賀川市が協力し，恒久的な収集と保存の拠点として，須賀川特撮アーカイブセンターが設立された。この場所では，地元の子ども

たちを対象に映像制作の教育プログラムが実施されており，まさに伝承の場となっている。

　情報を伝承する博物館活動には共通点がある。まず，地元社会との強い連携が重要であり，大規模なアーカイブ施設の整備と維持には大きな経済的負担が伴い，収益を期待できない場合も多い。そのため，共通の目的意識を持つことが不可欠である。また，博物館の学芸員などの担当者が，高い専門性を備えていることが前提条件である。そして，関係者の熱意があってこそ，博物館は伝承の場として機能することが可能と言える。

4．まとめ

　本章では工芸をはじめとして，世代を超えて情報を伝承することを主眼とした博物館活動に焦点を当てて解説した。第1章で述べたように，梅棹忠夫氏は「博物館はメディアである」と指摘し，無目的にコレクションを集める従来の博物館の在り方を批判した。現代では膨大な情報を扱うことが可能であり，ただ収集するだけでなく，目的を明確にすることが重要である。博物館の情報は広く集め，発信されるべきものだが，特定の目的に基づき，伝承すべき相手を見定めた発信も有効である。今後の課題として，この点についても考える必要がある。

参考文献

金沢市経済局クラフト政策推進課『金沢KOGEIアクションプラン―金沢の工芸の未来に向けて―改訂版』（金沢市，2024年）https://www4.city.kanazawa.lg.jp/material/files/group/30/actionplan_full.pdf（2024年12月14日最終確認）

皓星社編集部編『＜記憶の継承＞ミュージアムガイド：災禍の歴史と民族の文化にふれる』（皓星社，2022年）

鶴見英成「博物館の現在と未来」『博物館概論 '23』pp. 271-285（放送大学教育振興会，2023年）

平成の百工比照コレクションDB　http://htq.mingaku.ac.jp/databases/hyakkou/（2024年12月14日最終確認）

門馬健「『記憶資料』の保全活動全町避難から始まった富岡町の聞き取り事業」『BIOCITY』85：54-61（株式会社ブックエンド，2021年）

山内宏泰編『リアス・アーク美術館常設展示図録東日本大震災の記録と津波の災害史（第3版）』（リアス・アーク美術館，2017年）

索引

●配列は五十音順. ＊は人名を示す.

● あ 行

アーカイブ（アーカイブズ） 122, 242,
　243, 244, 245, 247, 248, 249, 251, 252,
　253, 264
愛知県美術館 230, 231, 232, 233, 234,
　235, 236
アイトラッカー 42
アイリス（IRIS） 46
アウトリーチ・プログラム 129
アクセシビリティ 100
アニメ（アニメーション） 242, 243
アニメ特撮アーカイブ機構 243
アバター 76, 202
アメリカ自然史博物館 119
アンデス（アンデス地域） 13, 16, 149, 182
案内板 221
遺跡 182, 183, 185
一般社団法人マンガアーカイブ機構 251
色温度 58
印刷博物館 229
インターネット 119
インターレース 60
ウィーン万国博覧会 208
ヴィクトリア・アンド・アルバート博物館
　（V&A） 122, 123
上野の森美術館 229
梅棹忠夫＊ 23, 164, 265
映像 241
液浸標本 141, 142, 214
エタノール水溶液 143, 144
炎上 238
黄金 183, 184
黄金の茶室 126, 127
おうちで体験！かはく VR 201

オーディオ・ガイド 221
オープンデータ化 68
恩賜上野動物園 208, 212
音声ガイド 106, 200
オンライン美術鑑賞プログラム 235, 236

● か 行

解釈 120, 121, 123
解説パネル 124
階層化 196, 197
解剖 214
加賀象嵌 259
家族プログラム 119
金沢21世紀美術館 262
金沢市 255, 256, 257, 261, 262
金沢美術工芸大学 255, 256, 257, 260,
　261, 262
カラーチェッカー 59
カルチュラル・センシティビティ 178
環境エンリッチメント 217
贋作（贋作者） 16, 17, 150, 177
鑑賞展示 28
キオスク端末 197, 198, 199, 201
企画展 236
基本情報 192
キャプション 221, 224, 225, 226, 227
紀要 221
教育展示 28
協働カタログ制作 178, 179
京都国立博物館 224
許諾取得 90
魚類（魚類標本） 142, 148
クイズ 230
グレースケールチャート 51, 52

黒つぶれ　52
軍艦島デジタルミュージアム　23, 166,
　167, 168
クントゥル・ワシ博物館　184
蛍光X線分析　152, 153
経路情報　192
ゲイン　54
ゲーム（コンピュータゲーム，ビデオゲー
　ム）　242, 243, 251, 252, 253
原画（まんが原画）　244, 245, 246, 247,
　248, 249, 250, 251
検索　119, 133
検索システム　133, 222, 230, 236
権利制限規定　85, 90
小石川植物園　207
小石川薬園　207
講演会　230
広角　56
工芸　255, 256, 257, 260, 261, 262, 263
考古学　174
広告　221, 237, 238
行動学　211
行動展示　218
広報　236
コーセラ（Cousera）　120
国際博物館会議（ICOM）　120
国立科学博物館　31, 32, 35, 71, 194, 195,
　196, 198, 199, 200, 201
国立国会図書館　131
国立西洋美術館　222
国立民族学博物館（民博）　175, 176, 179,
　180, 181, 182, 261
国立歴史民俗博物館　132, 133
骨格標本　214
コレクション　222
昆虫標本　140

● さ　行

サイエンスミュージアムネット　69, 71,
　72, 74
再会プロジェクト　179, 180, 181
裁定（裁定制度）　90, 91
佐賀県立名護屋城博物館　125
佐倉新町おはやし館　131, 132
サブカルチャー　242
参加型調査　121
三次元デジタルデータ化　74
シアター36○　37
視覚障害者誘導用ブロック　102
試行体験　224
自然史博物館　75
実演家人格権　80, 81, 93
支分権　90
絞り　45
写真　241
シャッタースピード　46, 47, 55
ジャパンサーチ　66, 71, 72, 74
修復　17, 18, 150, 151
周辺情報　192
熟覧　178, 179, 180
種の保存　209, 212
障害者差別解消法　101
詳細情報　192
省察　120, 136
常新展示　101
常設展示データベース　201
肖像権　180
情報KIOSK端末　30, 36
情報通信技術（ICT）　64, 135, 136
情報に関わる格差　136
情報リテラシー　136
触察　124, 223

触察ピクト　103
触察本　233
触図　124, 231, 232, 233
植物園　206, 207
植物標本　140, 141
植民地　176, 177, 183
所有権　91
白とび　52
人類学博物館　175, 176, 177, 178, 179, 181
水族館　205
須賀川市　264
須賀川特撮アーカイブセンター　264
ズニ民族　178
スペクトラム（SPECTRUM）　73
図録　222
生物多様性　208
世界動物園水族館協会（WAZA）　209, 216
赤外線信号発光ユニット　106
世代別情報　192
絶滅危惧種　208
ゼブラ　52
全天球型映像装置　37
ソーシャルメディア　136, 237, 238
ソースコミュニティ　178, 179, 180, 181

●　た　行
大学　261, 263
大規模公開オンライン講座（MOOC）　120
胎土　17, 150, 151
タイプ標本　145, 146, 147, 148
タグ　144, 145, 148
多言語情報　192
田中茂徳*　148
ダブリンコア　73
多様性　120, 125
タンポポの生育環境・分布調査　121

千葉県文書館　132
チムー王国　14, 15
著作権　79, 91, 177, 180, 238
著作権法　79, 81, 93
著作財産権　81, 82
著作者人格権　80, 81, 92, 93, 238
著作物　79, 80, 81, 82
著作隣接権　81, 93, 94
陳列型展示　26
つなぎ役　66
津波　263
データベース　73, 76, 248, 261
適正照度　51
デジタイゼーション　162
デジタライゼーション　162
デジタル・デバイド　135
デジタル・ネイティブ　136
デジタルアーカイブ（デジタル・アーカイブズ）　64, 65, 66, 67, 68, 69, 78, 79, 132, 175, 181, 202, 222, 243
デジタルコンテンツ　64, 66
デジタルツイン　171
デジタルトランスフォーメーション　160, 161, 162, 203
デジタルミュージアム　164, 165, 166
デジタルメディア　119
点字（点字解説）　112, 232
電子顕微鏡　153, 154
電磁的記録　64, 67
展示補助教材　221
展覧会出品歴　222
東海大学文明研究所　16, 149, 151
東京国立博物館　131, 229
東京大学総合研究博物館　12, 140, 142, 165
盗掘（盗掘者）　13, 16, 182, 183

動水植　206
動物園　205, 208
動物福祉　216, 219
土器　12, 13, 14, 15, 16, 18, 19, 149, 150,
　182
ドキュメンテーション　63, 73, 222
特撮（特撮映像）　264
図書室　221
とみおかアーカイブ・ミュージアム　264

●　な　行
西尾市岩瀬文庫　131
西尾市資料館　132
偽ニュース　136
日本植物園協会　207, 208
日本動物園水族館協会（JAZA）　206, 209,
　215
日本の博物館総合調査　206
日本レトロゲーム協会　251, 253
ニューヨーク近代美術館　119, 122
布目象嵌　259, 260
ネットワーク　238
年代測定　155

●　は　行
バーチャル展示　76, 202
バーチャルリアリティ　35
ハイビジョン（HD）　59
破壊分析　16, 148, 149, 150, 154, 155
博学協働授業　129
博物館の新定義　120
博物館疲労　190, 191
博物館法　20, 78, 158, 205
波形モニター　51
パコパンパ　184, 185, 186
ハズバンダリートレーニング　212, 213

パブリシティ　237
パブリシティ権　94, 95
場面構成型展示　26
バリアフリー　98
ハンズオン展示　105, 106, 189
非意図的偶発的学習　119
東日本大震災　263
被写界深度　55
ヒストグラム　52
非破壊（非破壊分析）　16, 23, 24, 149, 152
批判的視聴能力　44
ヒヒ神像（ヒヒ）　151, 152, 153, 154, 155
百工比照（加賀藩）　257
兵庫県立美術館　223
フィルターバブル　136
フィルム　241, 242
笛吹きボトル　149
福岡市美術館　225
プライバシー権　94, 96
フリッカー　55
プレス・リリース　237
プログラム　222, 230
プログレッシブ　60
プロジェクションマッピング　34, 167,
　169, 170
ブロンクス動物園　208
文化遺産オンライン　69, 71, 72, 134
文化人類学　174, 177
文献　221, 222
文献掲載歴　222
平成の百工比照　256, 257, 258, 260, 261,
　262
望遠　56
放射性炭素年代測定　15, 69, 154
放射能災害　264
包摂的　120, 124

ポータルサイト　71, 72, 134, 135
北米先住民　176, 177
ホピ民族（ホピ語）　179, 180, 181
ホルマリン水溶液　142, 143
ホワイトバランス　58

● ま 行

マイクロサンプリング　153, 154
マジックビジョン　31
マス・メディア　120
増田まんが美術館　244
マンガ（まんが，漫画）　242, 243, 244, 246, 247, 251
マンガ原画アーカイブセンター　250
三重県総合博物館　121, 122
ミクストリアリティ（MR）　34, 35, 169, 170, 171
ミュージアム・カート　224
民俗学　174
民博（→国立民族学博物館を参照）
無形遺産　185, 255
メタデータ　63, 66, 67, 68, 74, 248
メタバース　76, 170
メディア　238
メディア芸術　241, 243
メディアリテラシー　44
杢目金　260
モバイル端末　221
森美術館　238

● や 行

ユーザビリティ　100
ユニバーサル・ミュージアム展　114
ユニバーサルデザイン　98
ユニバーサルデザインの7つの原則　99
横須賀美術館　124

横手市増田まんが美術館（まんが美術館）　244, 245, 246, 247, 248, 249, 250
鎧型ボトル（鎧形壺）　12, 13

● ら 行

来歴　222
ラベル　225
ランドスケープ・イマージョン　217, 218
リアス・アーク美術館　263
立命館大学国際平和ミュージアム　134
歴史系博物館　174, 175, 186
レプリカ　19, 124, 150, 155
ロナルド・メイス*　98, 99

● わ 行

ワークシート　221
ワークショップ　124, 125, 185, 231
早稲田大学　132

● アルファベット・数字

CG　129, 227
Coursera　120
CTスキャン　68
DX　160, 161, 162, 163
DXレポート　161
e-ラーニング　119, 135, 235
GIGAスクール構想　67
GX（グリーン・トランスフォーメーション）　163
HMD　167, 170
iBeacon　108
ICOM　101, 120, 124, 136, 224, 236
ICOM（国際博物館会議）　158
ICT　30, 135
IDタグ　166
JIS X 8341-3 : 2024　100

索 引 | **273**

K（ケルビン）　58
LiDAR（ライダー）　41
MR（ミクストリアリティ）　34, 35, 36,
　167, 169
ND フィルター　48, 54
Society 5. 0　160, 161, 167
Species360　215
SX（サステナビリティ・トランスフォー
　メーション）　163

V&A　122, 123
ViewPaint　227, 228, 229
VR　23, 35, 128, 167, 201, 202, 228, 229
X 線 CT　16, 17, 149, 150, 151
2025年の崖　162
3D プリンタ（プリント）　17, 18, 19, 69,
　150, 227
4K　59
8K　60, 229

分担執筆者紹介

(執筆の章順)

有田　寛之（ありた・ひろゆき）
　　　　　　　　　執筆章→ 4・11

1973年　山口県に生まれる
1996年　東京大学教養学部　卒業
1998年　東京大学大学院総合文化研究科　修士課程修了
　　　　国立国会図書館勤務を経て，2001年より国立科学博物館
現在　　国立科学博物館　科学系博物館イノベーションセンター長
研究領域　博物館情報論
主な著書　「展示論―博物館の展示をつくる―」（分担執筆　雄山閣　2010）
　　　　　「博物館情報・メディア論」（共著　放送大学教育振興会　2013）
　　　　　「博物館情報・メディア論」（共著　放送大学教育振興会　2018）

小林　利明（こばやし・としあき）

・執筆章→5

1981年　イギリスに生まれる
2004年　東京大学法学部卒業
2006年　慶應義塾大学大学院法務研究科修了
2013年　ニューヨーク大学ロースクール修了
現在　　弁護士・ニューヨーク州弁護士　高樹町法律事務所
　　　　神戸大学大学院非常勤講師（2017～）
　　　　東京藝術大学非常勤講師（2018～）
　　　　中央大学兼任講師（2021～）
　　　　放送大学協力講師（2022～）
主な著書　『入門デジタルアーカイブ』（共著）勉誠出版　2017
　　　　「デジタルアーカイブ利活用と著作権等」（共著）『AD STUDIES』60号　2017
　　　　「ドキュメンタリー映画での報道映像の引用」『ジュリスト』1522号　2018
　　　　「企業内における他人の著作物利用上の注意点―複製，引用，翻訳・翻案，職務著作など―」『薬学図書館』68巻3号　2023
　　　　「職務著作の成否と様々な働き方（講演録）」『コピライト』744号　2023
　　　　「芸名，グループ名とパブリシティ権」『ジュリスト』1594号　2024
　　　　『エンタテインメント法実務　第2版』（共編著）弘文堂　2025
　　　　ほか

大髙　幸 (おおたか・みゆき)
・執筆章→7・13

1997年	慶應義塾大学文学部哲学科美学美術史学卒業
2000年	ニューヨーク大学大学院視覚芸術運営研究科修士課程修了 修士（美術館運営学）取得
2007年	コロンビア大学大学院美術及び美術教育研究科博士課程修了 博士（教育学）取得。コロンビア大学大学院兼任助教授を経て
現在	放送大学客員准教授（博物館教育論・2012年〜）慶應義塾大学大学院等非常勤講師
研究領域	博物館教育論，美術館運営学，芸術メディア論
主な著書	『新訂　博物館概論』（共著）（放送大学教育振興会，2023年）
	『改訂新版　博物館教育論』（共著）（放送大学教育振興会，2022年）
	『美術館と家族：ファミリープログラムの記録と考察』（共著）（アーティゾン美術館，2020年）
	『博物館概論』（共著）（放送大学教育振興会，2019年）
	『博物館情報・メディア論』（共著）（放送大学教育振興会，2018年）
	『ひとが優しい博物館　ユニバーサル・ミュージアムの新展開』（共著）（青弓社，2016年）

編著者紹介

鶴見　英成（つるみ・えいせい）・執筆章→1・8・10・12・14・15

1972年　東京都に生まれる
1996年　東京大学文学部卒業
2008年　東京大学大学院総合文化研究科課程博士（学術）取得
2009年　東京大学総合研究博物館特任研究員，助教
現在　　放送大学教養学部准教授
研究領域　アンデス考古学，博物館学
主な著書　『新訂　博物館概論』（編著）（放送大学教育振興会，2023年）
「神殿を建て続けた人びと」『アンデス考古学ハンドブック』（山本睦・松本雄一編）（臨川書店，2022年）
「アンデス文明の黄金・織物・土器・建築」『見る目が変わる博物館の楽しみ方：地球・生物・人類を知る』（矢野興人編）（ベレ出版，2016年）
「南米の博物館―ペルーにおける考古学と博物館」『博物館展示論』（稲村哲也編）（放送大学教育振興会，2016年）
『黄金郷を彷徨う―アンデス考古学の半世紀』（西野嘉章と共編著）（東京大学出版会，2015年）

近藤　智嗣（こんどう・ともつぐ）

・執筆章→2・3・6・9

1986年	法政大学文学部卒業
1988年	上越教育大学大学院学校教育研究科修了
	出版社勤務，放送教育開発センター助手，
	メディア教育開発センター助教授（准教授）を経て，
現在	放送大学　理事・副学長・教授
	博士（情報理工学）（東京大学）
研究領域	映像認知，バーチャルリアリティ，展示学，コンテンツ開発
主な著書	「博物館における情報機器の活用」『展示論』（雄山閣 2010）
	「没入型複合現実感展示におけるガイド機能の評価」『日本バーチャルリアリティ学会論文誌』Vol.17, No.4, pp.381-391（2012）
	「骨格復元の新旧学説を対比する複合現実感展示解説とその評価」『展示学』第50号, pp.60-69（2012）
	「展示のDXとミクストリアリティ」『博物館研究』（2021）
	『映像コンテンツの制作技術』（放送大学教育振興会 2025）

放送大学教材　1559397-1-2511（テレビ）

新訂　博物館情報・メディア論

発　行　2025年3月20日　第1刷
編著者　鶴見英成・近藤智嗣
発行所　一般財団法人　放送大学教育振興会
　　　　〒105-0001　東京都港区虎ノ門1-14-1　郵政福祉琴平ビル
　　　　電話　03（3502）2750

市販用は放送大学教材と同じ内容です。定価はカバーに表示してあります。
落丁本・乱丁本はお取り替えいたします。

Printed in Japan　ISBN978-4-595-32458-1　C1330